마흔, 폭풍성장으로
부의 추월차선에
올라타라

마흔, 폭풍성장으로
부의 추월차선에 올라타라

초판 1쇄 인쇄 _ 2024년 5월 15일
초판 1쇄 발행 _ 2024년 5월 25일

지은이 _ 박소영

펴낸곳 _ 바이북스
펴낸이 _ 윤옥초
책임 편집 _ 김태윤
책임 디자인 _ 이민영

ISBN _ 979-11-5877-374-8 03190

등록 _ 2005. 7. 12 | 제 313-2005-000148호

서울시 영등포구 선유로49길 23 아이에스비즈타워2차 1005호
편집 02)333-0812 | 마케팅 02)333-9918 | 팩스 02)333-9960
이메일 bybooks85@gmail.com
블로그 https://blog.naver.com/bybooks85

책값은 뒤표지에 있습니다.

책으로 아름다운 세상을 만듭니다. — 바이북스

미래를 함께 꿈꿀 작가님의 참신한 아이디어나 원고를 기다립니다.
이메일로 접수한 원고는 검토 후 연락드리겠습니다.

마흔,
폭풍성장으로
부의
추월차선에
올라타라

박소영 지음

바이북스
ByBooks

나는 돈 버는 거 못해!

나는 미술 전공자다. 어릴 때부터 줄곧 미술가의 꿈을 꾸며 자라 왔다. 어릴 적 미술가라는 꿈을 키우는 동안 한 번도 돈과 연관 지어 생각해 본 적이 없다. 나는 그리고 싶은 것을 그리고, 사람들이 내 그림을 좋아하면 더 많은 그림을 그려서 보여주고 전시하면서 그렇게 유명한 화가가 될 것으로 생각했다.

미술 대학에 진학하게 되면서 본격적인 예술가의 길을 걷기 시작했다. 대학을 졸업하고 더 공부하고 싶은 마음에 유학길에도 올랐다. 항상 내 머릿속엔 더 멋지고 새롭고 아름다운 작품을 만들기 위한 생각으로 가득했다. 내 작품이 좋으면 누군가 흙 속의 진주를 발견하듯 나를 예술계의 유망주로 지목하고 지지해 주면서 그렇게 아티스트로 성공할 줄 알았다.

그러나 대학원 졸업까지 하고 난 후의 현실은 전혀 생각하지 못한 부분이었다. 작품을 만들려면 돈이 필요했다. 내 머릿속의 그 멋진 작품은 더 많은 돈을 필요로 했다. 그동안은 부모님께서 지원해 주신 학비와 용돈 덕분에 돈에 대한 걱정 없이 살아왔는데, 학업을 마치고 지원이 끊기게 되자 나는 아무것도 할 수 없었다.

문득, 유학 시절 선배의 말이 생각났다. 앞으로 뭘 하고 싶냐는 선배 언니의 질문에 나는 작가 활동을 지속할 것이라고 답했다. 그런데 그 선배 언니의 대답은 내가 전혀 상상해 보지 못했던 말이었다. "너 네 집 돈 많니?" 나는 당황스러웠다. 사실, 이 말은 한 번만 들은 것이 아니다. 대체 내가 작품활동을 하는데 부모님의 재력이 무슨 상관인지 기분 나쁘기까지 했다. 그러나 졸업 후 정확히 알게 되었다. 작품 활동을 하려면 돈이 필요하고, 또 지속적인 투자가 필요한데 그 돈을 벌 능력이 없다면, 부모님의 경제적 지원이 있어야만 가능한 것이었다.

참 순진하고 세상물정 모르고 살았다. '돈'이라는 것을 벌어야 한다는 것에 대해 한 번도 진지하게 생각해 본 적이 없었다. 그냥 살다 보면 돈이 저절로 생기는 줄 알았다. 나는 작품활동을 위한 자금을 마련하기 위해 대학에서 강의를 시작했다. 그 돈으로 겨우 작가 생활을 이어갈 수 있었지만, 결혼과 함께 시작된 실질적인 생활비 문제는 나의 꿈을 점차 잊게 했다.

서른일곱에 아이를 낳고, 나는 생애 가장 큰 전환점을 맞이했다. 아이를 키우며 겪는 육아의 고단함은, 나에게 예상치 못한 시련으로 다가왔다. 생애 처음으로 엄마가 된 나는, 마치 세상의 모든 어려움을 한 번에 겪는 듯한 압박감에 짓눌렸다. 남편은 그때 갑자기 안정된 직장을 뒤로하고 사업이라는 불확실한 길을 선택했다. 우리의 삶은 불안정의 연속이었고, 나는 어디서부터 시작해야 할지 몰랐다.

가장 큰 문제는, 단연코 돈이었다. 결혼 생활 내내 나는 돈 관리에 대해 무지했다. 예금과 적금 외에는 돈을 다루는 법을 몰랐고, 남편의 사업 시작과 함께 우리 가정은 더욱더 경제적인 어려움에 부닥쳤다. 저축해둔 돈은 사업 기간의 생활비로 흘러 나갔고, 아이의 양육비는 끊임없이 필요했다. 나는 그때 비로소 '기저귓값과 분윳값을 벌어야 한다'는 말의 무게를 실감했다.

내 인생이 잘못된 방향으로 흘러가는 기분이었다. '아, 이렇게 내 인생 후반부는 고난의 길로 들어서는 것인가' 싶었다. 이제 곧 마흔인데, 아이는 한참 어린 데다 단절이라고 부를 만한 경력도 없이 학벌만 높은 아줌마는 불러줄 데도 없었다. 이제 내가 할 수 있는 건 아이나 키우면서 남편의 사업이 잘되기만을 바라는 것이라고 생각했다.

그러던 중, 마흔이 넘어서 사업을 시작해 성공한 한 여성의 이야기를 듣게 되었다. 바로 켈리 최 회장님이다. 그녀의 이야기는 나에게 희망의 불씨를 지폈고 다시 한번 내 삶을 바라볼 용기를 주었다.

남편의 사업을 돕기 위해 시작한 공부는 점차 나 자신을 위한 공부로 바뀌었다. 나는 폭풍 성장하여 부자가 되겠다는 목표를 세웠고, 그 과정에서 나 자신의 변화와 성장을 경험했다.

내가 돈을 벌고 부자가 되고 싶은 것의 궁극적인 목적은 행복이다. 나와 내 가족의 행복이다. 미국의 심리학자 칼 로저스는 "성공은 목적지가 아니라 방향이다."라고 말했다. 그렇다면 목적지는 어디일까? 나는 그것이 행복한 삶이라고 생각한다. 나와 나의 사랑하는 가족 모두가 정신적 신체적으로 온전히 건강하고, 서로 사랑하며 넘치는 풍요 속에서 행복한 삶. 그것이 나의 목적지이다.

내가 스무 살이 되던 2001년은, 우리나라 대학 진학률이 최초로 70%를 넘어선 해라고 한다. 학력 인플레로 대학 졸업장만으로는 경쟁이 어렵다 보니, 대학원 진학률도 높았으며, 어학연수, 유학 심지어 박사과정까지 밟은 고학력자들이 많다. 그런 그들이 지금 마흔을 넘어가면서 맞닥뜨릴 문제들이 과연 나와 크게 다를 바가 있을까? 열심히 공부만 해온 우리들, 지금은 왠지 바보가 된 듯한 기분이다. 내 주변에도 열심히 살아온 여성들이 참 많은데, 많은 이들이 나이가 들고 아이를 키우면서 자신감을 잃고 방황하고 있다. 그녀들에게 나의 이야기를 통해 희망의 메시지를 전하고 싶다. 그리고 구체적인 노하우도 전달하고 싶다.

1장에서는 마흔과 함께 찾아온 어려움과 실망감 속에서 과거를 통해 문제의 원인을 분석하고 희망을 찾는다. 2장에서는 마흔이 끝이 아니라 새로운 시작임을 발견하고, 새로운 것을 배우고 준비하는 것이 얼마나 중요한지 말한다. 자신을 긍정적으로 바라보고, 삶의 방향을 잡는 법 등을 다룬다. 3장에서는 구체적인 수익 창출 방법으로 스마트스토어 운영 경험을 공유한다. 그리고 시작하기 전에 반드시 알아야 할 것들에 대해 솔직하게 담아냈다. 스마트스토어 운영을 생각 중이라면 꼭 읽고 시작하기를 바란다. 4장에서는 성공을 향한 성장 과정에서 마주치는 보편적인 진리와 실천 방법을 공유한다. 뻔해 보일 수 있는 실천방법 속에서 발견한 나만의 인사이트와 실천 노하우를 공유한다. 5장에서는 지금의 행복과 아름다움에 관해 이야기한다. 위기가 어떻게 나에게 기회가 되었는지, 가족이 얼마나 소중한지, 지금 이 순간을 즐기는 것이 얼마나 중요한지 다룬다.

결국 모든 것은 마음먹기에 달려 있다. 내가 나의 한계를 짓지 않는 한 불가능은 없다는 것을 깨달았다. 당신이 지금 어떤 상황에 있든, 어떤 나이에 있든, 항상 새로운 시작은 가능하다. 당신의 현재 상황이 무엇이든, 당신의 미래는 여전히 당신의 손에 달려있음을 기억하자.

빠른 성장을 위해서는 나보다 딱 한 발 먼저 간 선배에게 배우라고 한다. 이 책이 마흔의 도전을 앞둔 독자들에게 바로 그 선배 역할을 해주기를 바란다.

고속도로를 운전하다 보면 추월차선을 간혹 정속으로 주행하는 사람을 볼 수 있다. 스스로 안전운전을 한다고 생각할지 모르지만 다른 사람에게 피해를 끼치는 행위다. 나도 한때는 돈에 연연하지 않는 것이 옳다고 생각했다. 그러나 가족을 위해 그리고 나를 위해서 적절한 부를 얻는 데 최선을 다할 필요가 있다. 돈이 인생의 전부는 아니지만 꼭 필요한 것이기 때문이다. 인생의 방향을 바꾸는 시점인 마흔. 오히려 돈 벌기 좋은 때인 이때 부의 추월차선에 올라타기를 권한다.

박소영 (쏠쏠언니)

차례

chapter 1

우리는 인생에 꼭 필요한
돈 버는 법을 배운 적이 없다

chapter 2

마흔,
끝이 아니라 시작이었다

chapter 3
스마트스토어에서 성공하는 비결은 따로 있다

chapter 4
뻔한 것들에는 진리가 있다

chapter 5

나는 지금 가장 행복하고 아름답다

마흔 다 되도록, 돈을 제대로 벌어본 경험도 없는 아줌마가 어떻게 돈을 벌어야 할지 막막했다. 그때, 나는 돈을 벌기 위해서는 돈에 대해 공부해야 한다는 것을 알게 되었다. 돈을 공부한다고? 그게 가능해? 세상에 그런 게 있어? 이럴 수가, 한때 대학교수 임용면접까지 봤던 나인데. 지금껏 돈 공부라는 말은 듣지도 보지도 못했다. 대체 이 공부는 어디서 할 수 있단 말인가? 누구에게 배울 수 있다는 것인가? 어디서 배울 수 있다는 것인가? 나는 모든 것이 궁금했고 빨리 배우고 싶었다.

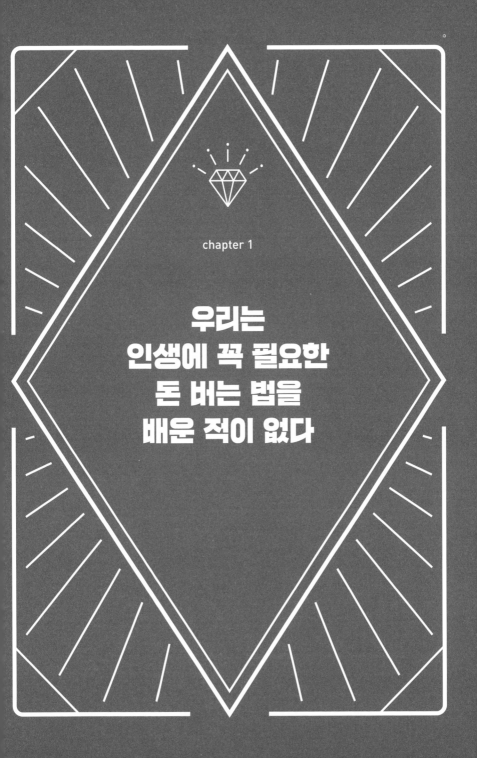

chapter 1

우리는
인생에 꼭 필요한
돈 버는 법을
배운 적이 없다

마흔이 되면 모든 것이
완벽할 줄 알았다…

나는 지금 마흔이다. 나는 서울 소재 4년제 대학의 예술대학 정교수이다. 뉴욕과 유럽 등 세계 여러 도시를 오가며 작품 활동을 하는 아티스트이기도 하다. 나의 작품은 국내외 곳곳에 전시 및 설치가 되어 있으며, 앞으로 2년간의 전시 일정이 모두 정해져 있을 정도로 많은 사람들에게 인기가 좋다. 나는 학자로서 예술가로서 모두 인정받는 멋진 삶을 살고 있다. 강남 접근이 편한 판교에 삼십 평대 아파트를 소유하고 있고, 포르쉐와 벤츠를 몰고 있다. 일 년에 최소 두 번은 사랑하는 가족들과 해외여행을 다니며 다양한 경험을 통해 견문을 넓히고 있다. 음~ 역시 모히토에서 몰디브 한잔 해줘야지~ 짠!!

쨍그랑!!!

2022년 5월, 통장에 남은 돈은 약 두 달 남짓 버틸 수 있는 생활비. 내 나이 정확히 마흔, 만 나이로 마흔이다. 마흔이면 모든 것이 완벽할 줄 알았는데, 나의 마흔은 상상도 못 할 만큼 형편없었다. 남편은 잘 다니던 직장을 때려치우고 나와 사업을 시작한 지 3년… 그동안 한 번도 수입을 가져다준 적이 없다. 나라도 벌었으면 어떨까 싶지만, 어린아이 육아로 아무것도 할 수 없던 시간이었다.

2020년 코로나로 폭등하는 부동산에 많은 사람이 웃음을 지었지만, 아무것도 할 수 없던 우리는 2배로 오른 전세대출 금리까지 감당해야 한다. 아이나 없으면 주거 비용을 최소로 잡고, 작은 월셋집으로 옮겨서 뭐라도 해보겠건만, 이제 겨우 네 살인 아이를 데리고 차마 실행할 수 없었다.

4년 전만 해도 나에게 이런 마흔이 펼쳐질 것이라고는 상상도 못했다. 남편은 좋은 직장에서 인정받으며 승승장구하고 있었다. 나 역시 편안한 직장에 다니며 안정적인 수입을 벌고 있었다. 좋은 음식, 좋은 옷, 좋은 차 타며 먹고 사는 걱정 없이 지냈고, 일 년에 한 번씩 해외 여행 다니며 미슐랭 스타 레스토랑도 가고, 명품 쇼핑도 하면서 남부럽지 않게 살고 있었다.

그런데 아이가 돌도 되기 전, 남편은 백수가 되었다. 그리고 모든 것이 바뀌었다.

갓난쟁이를 안고 있는 나에게,

"나 사표 냈어."

"사업할 거야."

라는 남편의 말은 내 귀를 의심케 했다.

그래, 사업 좋지. 그런데 이렇게 준비도 없이, 무턱대고 사표부터 낸 다음에 사업을 하는 건 아니지 않은가? 그리고 왜 하필 지금인가? 내가 나가서 일할 수 있는 상황도 아닌데, 사표부터 내고 사업을 준비한다니? 언제 준비하고 언제 시작해서 언제부터 안정적인 수입을 줄 수 있을지도 모르는 사업을…. 돌도 안된 아이를 키우고 있는 시점에서 나는 정말 뭐라고 말을 이어야 할지 몰랐다.

우선은 사업 성공을 확신하는 남편을 믿고, 마음 편히 육아에 전념하기로 했다. 그러나 남편의 사업은 생각처럼 풀리지 않았다. 첫 번째 사업은 투자자들과의 문제로 인해 일 년도 되지 않아 쪼개졌고, 두 번째 사업은 오픈과 함께 코로나를 맞이하게 되었다.

2020년 2월, 남편은 두 번째 사업을 오픈했으나 그 뒤로 생활비를 가져다준 적이 없다. 결혼 후 모아둔 각종 예금, 적금으로 매달 생활비를 충당하며 남편의 사업이 자리 잡기를 기다렸다. 저축액으로 생활하고 있으니, 사실상 수입이 마이너스인 셈이었다. 그래도 초기 힘든 시기를 지나, 사업이 자리 잡으면 큰 수익을 볼 수 있을 거라는 기대를 하고 투자한다는 생각으로 버텼다.

2021년 5월, 전세 만기를 앞두고 집주인이 집을 빼달라고 한다.

모두가 알겠지만, 이 시기는 부동산이 폭등하던 시기였다. 우리가 살던 전셋집도 전세가가 두 배가 뛰었고, 매매가도 기본 두 배씩 올라 있던 시기이다. 우리도 이번 기회에 영끌이라도 해서 작은 집이라도 사볼까 했지만, 사업자 대출까지 다 끌어 쓴 남편의 신용과 무직인 나의 조건으로는 주택담보대출조차 끌어 쓸 수 있는 자격도 되지 못했다.

우리는 절대 다른 부부들과 같지 않을 거라고 그렇게 자신만만했던 남편과 나였다. 많은 부부가 아이를 낳고 키우면서 많이 싸운다. 우리는 그러지 않을 거라고 자신했다. 그런데 별수 없었다. 늦은 나이의 임신과 출산으로 몸은 항상 힘들고 무거웠고, 아이를 사랑하는 것과는 별개로 육아 스트레스와 피로는 계속해서 누적되고 있었다. 그러니 자연스럽게 남편에 대한 기대도 커지게 되고, 기대에 못 미치면서 혼자서 불만이 쌓이는 상황이 반복되었다.

이미 육아만으로도 지칠 대로 지쳤는데 경제적 문제까지 생기다 보니 우리 역시 문제를 피해 갈 수 없었다. 돈이라는 게 이런 거구나 싶었다. 세상 사는 데 돈이 정말 중요했구나. 돈이 없으면 당장 나와 내 아이가 안전하지 못하게 된다는 것을 실감할 수 있었다. 그러다 보니 예민해질 수밖에 없었다. 돈에 대한 불안감, 스트레스는 높아지는데 할 수 있는 것이라곤 하나도 없었다.

남편이 망하니,
나도 망가졌다

모든 것이 불안정했다. 집 안의 공기는 숨이 막힌다. 바깥의 공기 또한 뿌연 미세먼지로 답답하기 그지없다. 숨쉬기가 힘들다. 밖에 나가 신선한 공기라도 마시고 싶지만, 신선한 공기조차 없다. 공기청정기가 돌아가고 있는 집 안이 그나마 제일 안전지대이다. 밖에는 신종 바이러스 때문에 공기가 좋은 날조차도 마스크를 쓰고 나가야 한다. 그나마 내 몸 하나라면 가끔 무시하고 대충 살아보겠지만 어린 아들을 생각하면 더욱 예민해질 수밖에 없었다.

숨쉬기가 힘들었던 건, 스트레스 때문이다. 남편의 사업, 육아, 남편과의 관계 거기에 코로나 팬데믹까지, 나를 둘러싼 모든 환경이 나를 불안하게 만들었다. 남편의 사업은 갑자기 마주하게 된 코로나로 앞으로 어떻게 펼쳐질지 알 수 없는 안갯속을 걷고 있었고, 나는 의무감과 책임감으로 부족한 체력과 정신을 겨우 붙잡고 육아와 집안

일을 해내고 있었다.

　업계에서 인정받으며 커리어를 잘 쌓아 올리던 남편은 마흔을 앞두고 더 큰 비전을 향해 이직했었다. 신규사업을 맡으면서 임원으로 우대를 받았으나, 회사 대표와 맞지 않아 결국 사표를 던지고 만다. 그렇게 남편의 사업은 시작되었다.

　2019년 여름, 처음 사업을 준비할 때부터 남편은 6개월 정도만 지나면 최소 회사 생활하던 정도의 수익은 벌 거라고 말하며 나를 안심시켰다. 그러나 런칭 2개월 만에 투자자들에게 모든 걸 내주고 나오게 되었다. 곧바로 두 번째 브랜드를 런칭한 남편은 이번에도 몇 개월만 버티면 충분한 수익이 날 것이고, 순식간에 가맹점이 늘어나면서 돈방석에 앉을 거라고 말했다. 나는 그 사업은 잘 모르니, 실무 경험이 있는 남편의 말을 믿고 기다리기로 했다. 하지만, 한 달 두 달 그 기한이 점점 밀려났고, 저축액으로 생활비를 충당하며 버티는 시간도 점점 늘어났다. 감사하게도 가맹점도 조금씩 늘어났지만 모두 오래 버티지 못하고 계약을 해지했다.

　코로나로 두 돌을 앞둔 아이는 어린이집에 가지 못하고 집에 있는 날이 많았다. 외출도 못하고 하루 종일 아이와 집 안에서만 보내야 하는 시간은 육아를 해본 엄마들이라면 모두 공감할 것이다. 내 시간을 갖는 것은 사치이며, 인간의 자유의지마저 박탈당하는 시기였다.

차리고 먹이고 치우고 기저귀 갈아주고 놀아주고 재우고 청소하고 빨래하고 이 모든 것이 나의 의지와는 상관없이 돌아갔다. 쉬고 싶고, 눕고 싶고, 주방일도 안 하고 싶지만, 그럴 수가 없다. 아이가 낮잠을 자면 잠시 짬이 난다. 그 시간은 너무 소중해, 알차게 쓰고 싶은 마음에 쉬지도 못한다. 그리고 이 시간이 되면 언제 그랬냐는 듯 신기하게 피로도 사라진다. 하지만 아이가 낮잠에서 깨는 순간 잠들었던 피로도 함께 깨어나는 놀라운 마법!

이렇게 심신이 만신창이가 되어 있으니, 인생에 즐거움이란 없었다. 좁고 빛이 들지 않는 동향집을 벗어나 넓고 해가 잘 드는 남향집으로 이사를 왔으나, 우리 집은 그 어느 때보다도 어두웠다.

얼마나 우울하고 답답했는지, 남편과 대화가 안 된다고 느낄 때면 눈앞에 보이는 베란다 창문으로 전력 질주하여 문을 열고 뛰어내리는 상상을 수차례 했을 정도였다.

원래, 어떤 상황에서도 긍정적인 생각을 하던 나였다. 이 시기엔 그것조차 작동하지 않았다. 긍정적으로 생각을 하려다가도 남편만 보면 모든 게 뒤틀렸다. 모든 것이 그의 잘못이라고 생각되었고, 당장 나의 힘으로 할 수 있는 것이 아무것도 없는 피해자라는 생각이 나를 지배했다. 나는 이제껏 단 한 번도 내 인생을 허투루 산 적이 없는데, 왜 이런 시련이 내게 오는지 이해할 수 없었다.

나는 내가 세상에서 가장 불행하다는 생각에 사로잡혀 바닥으로 바닥으로 계속해서 가라앉고 있었다. 나는 이렇게 힘든데, 이 세상은 나에게 아무 관심도 없는 것 같았다. 답답한 마음에 여기저기 온라인에 사연도 올렸다. 채택되면 내 사연을 읽고 위로도 해주고 솔루션도 제시해 준다는 것이다. 하지만, 채택된 적이 없다. 채택된 사연들을 들으면 나보다 힘든 사정의 사람들이 참 많았다. 하지만 당시 나에게 다른 사람의 사연은 들리지 않았다.

한번은 큰 충격을 받았다. 여성들이 모여 있는 한 재테크 카페였다. 공감받고 위로받고 싶어서 내 이야기를 주절주절 썼다. 내가 기대한 공감과 위로는 없고, 내 생각이 잘못되었다며 오히려 나에게 뭐라고 하는 것이다. 그녀들의 답변을 듣고 보니, 사실 틀린 말도 아니었다.

나는 징징대고 있었다. 제발 내 얘기 좀 들어달라고, 내가 잘못한 건 하나도 없다고 말해달라고, 잘못한 저 사람 좀 혼내달라고 징징거리는 어린아이처럼 굴고 있었다. 내 나이 서른아홉, 남편 나이 마흔하나, 둘이 합쳐 평균 나이 마흔의 부부는 경제적으로도 정신적으로도 망가지고 있었다.

시작은 창대하지만
끝은 미약했다

아이가 첫돌을 앞둔 10개월 정도 되었을 즈음이었다. 남편은 임원 자리로 이직한 회사에서 신규 브랜드 준비로 스트레스를 많이 받고 있었다. 사실 직장 생활하면서 스트레스를 거의 받지 않던 남편이었는데, 이직한 회사의 대표와 맞지 않아 극심한 스트레스를 받고 있었던 것이다. 나와 남편은 나름 모험을 좋아하는 편이었다. 이곳으로 이직할 때도, 주변에서는 많은 사람들이 말렸다. 신규사업은 들어가는 것이 아니다, 사람들이 오래 못 버티더라 등등 말이다. 하지만 우리는 가보지도 않고 어떻게 아느냐 하며, 도전해 보자고 했다.

남편이 새 직장에 다니는 동안 우리는 임신도 하고 사랑하는 아이도 낳았다. 나는 예상치 못한 산후통증과 육아 전쟁으로 시간이 어떻게 흘러갔는지도 모른 채 아이는 첫돌을 앞두고 있었다. 예전 같으면 스트레스로 힘들어하는 남편에게 때려치우고 다른 곳으로 이직을 하든, 뭐라도 해보라고 했을 것이다. 하지만 그럴 수 없었다. 아이가 생겼고, 당장 내가 돈벌이하러 나갈 수도 없는 상황에 남편의 월급은 매우 중요했기 때문이다. 그러나, 그는 사표를 냈고, 사업을 할 것이라고 했다. 이미 어느 정도 구상도 해놨다고 했다.

일단, 남편을 믿어보기로 했다. 그것밖에 할 수 있는 게 없었기 때문이다. 우리에겐 사업을 시작할 자본이 없었기에 그는 정부지원사업에 도전했다. 나도 함께 PPT를 만들며 열심히 도왔다. 그리고 마침내 일억을 타냈다! 만 39세 이하 청년만 받을 수 있다는 청년창업지원금을 남편의 나이 만 39세에, 그것도 받기 어렵다는 외식업으로 일억을 타낸 것이다. 분명 좋은 신호였다. 평소 사람들과 관계가 좋았던 남편은 함께하고 싶다는 투자자들까지 생겼다.

남편의 사업은 외식 가맹사업이었다. 새로운 외식 브랜드를 만들고 가맹사업으로 돈을 벌고자 했다. 남편이 받은 창업지원금과 투자자들의 자본까지 더해져 첫 본점에 힘을 주기로 했다. 서울 강남의 학원가에 매장을 열었다. 학생들과 주변 직장인들이 주 타깃층이었기 때문이다. 브랜드 로고와 인테리어까지 수준급 디자이너에게 맡겼다. 외관이 그럴싸하게 잘 나왔다. 예상대로 오픈과 동시에 매장에 줄이 섰다. 다음 날도, 그다음 날도. 그런데, 주문과 동시에 조리가 들어가는 시스템이다 보니 손님들의 대기 시간이 점점 길어졌다. 급하게 장비도 추가했고, 직원도 추가로 뽑았다. 그리고 손님은 줄었다. 그렇다. 오픈빨이었다.

이 사업의 가장 큰 문제는 객단가였다. 가성비를 내세웠다 보니 1인분이 3,900원부터 시작이었다. 학생들이 이리저리 주문해도 인당 객단가 만 원을 넘기기 어려운 구조였다. 이 정도 가격으로 월세와 직원들 인건비를 충당하고 남편과 투자자들의 수익까지 남기려면 쉬지 않고 음식을 팔아야 한다. 하지만, 주문과 동시에 조리가 들어가는 시스템과 음식이 조리되어 나오는 물리적 시간 등을 고려했을 때 … 과연 그것이 가능한지도 의문이었다.

직원을 쓰는 것도 만만치 않았다. 인건비도 인건비지만 직원의 근태, 태도, 위생 문제는 항상 끊이질 않았다. 손님이 없을 때는 버는 것 없이 인건비만 나가고, 직원을 줄이자니, 손님이 몰릴 때 문제가 생긴다. 직원을 파트타임으로 돌리고, 시간을 적절히 배치하는 것도 쉬운 일이 아니었다. 게다가 높아진 최저시급과 각종 수당 때문에 사장들은 직원을 고용하기 힘들어졌고, 어린 직원들은 그런 제도들을 악용하기도 했다. 몇 년 사이 무인 가게와 로봇이 각광받는 데에는 충분한 이유가 있다.

매장의 위치도 애매했다. 메인 스트리트에서 한 블록 안쪽에 위치했는데, 그 한 블록 차이가 어마어마했다. 오픈빨이 끝나자 뒷 블록까지 찾아오는 사람은 드물었다. 임대료 차이는 괜히 나는 것이 아니었다. 그렇다고 월세가 싼 곳도 아니었는데 말이다!

초보 창업자와 은퇴 투자자들의 예견된 실패

더 큰 문제는 남편도, 투자자들도 사업이 처음이라는 것이었다. 남편은 직장에서 인정받은 본인의 실력만 믿고 덜컥 사업을 시작했고, 함께해보고자 했던 투자자들은 평생 직장생활만 해오다 은퇴를 한 사업에 '사'자도 모르는 사람들이었다. 실제 사업 경험이 없는 이들은 각자의 뇌피셜로 자기 의견만 주장하고 있었다.

결국, 남편은 투자자들과의 문제로 사업에서 빠져나오게 되었다. 오픈 두 달 만에 벌어진 일이었다. 준비기간을 더한다고 해도 약 6개월 만에 찢어지게 된 것이다. 투자자들은 그들끼리 하면 더 잘할 수 있을 것이라고 생각했는지 매장이 완성되자 남편을 내쫓으려고 내부적으로 이간질을 하는 등 수작을 부리는 것이 보였다.

이런 불편한 상황에서 남편은 그들의 투자금을 되돌려주고 그들을 사업에서 제외시킬 수 있는 상황이 아니었기에, 결국 본인이 나오기로 했다. 사실, 이미 해당 사업 모델의 치명적인 단점들을 알아챘기에 빨리 빠져나오는 것이 더 잘하는 것이라는 판단도 있었다. 그렇게 남편은 자신의 첫 번째 자식을, 거의 빼앗기다시피 주고 나왔다. 남편의 청년창업지원금 일억과 함께….

이 브랜드는 결국 사라졌다. 첫 매장 이후 몇 개의 직영 매장을 내긴 했으나 가맹점은 하나도 내지 못했다. 사악한 임대료의 첫 매장을 가장 먼저 철수했고, 2년 후 경영난으로 폐업하고 말았다.

어서 와 코로나는
처음이지?

남편은 첫 번째 사업에서 나와, 바로 두 번째 사업을 준비했다. 첫 번째 사업에서 발견한 문제점들을 개선해서 바로 두 번째 브랜드를 런칭하기로 했다. 하지만 자금이 문제였다. 남편이 열심히 준비해 받아낸 일억 원이라는 정부지원금만 있었어도 충분히 해볼 만한 규모의 사업인데 그 돈까지 다 넘기고 나온 것이 후회되었다. 그때, 또 어디선가 투자자가 나타났다. 미리 말하자면 이분은 앞선 투자자들과 달리, 경영에 일절 관여하지 않으셨고, 처음부터 끝까지 투자자의 마인드로 함께해주신 굉장히 감사한 분이시다.

두 번째 사업 모델 역시, 외식 가맹사업이다. 하지만 이번엔 홀 매장이 없는, 배달과 포장 전문 매장이었다. 첫 번째 사업에서 홀 매장을 함께 운영했는데, 홀을 운영하려면 유동 인구가 많은 목이 좋은 위치가 필수적이었고 그것은 곧 임대료에 반영되었다. 이 부분을 헷

지하기 위해 두 번째 모델은 배달 위주로 콘셉트를 잡고 임대료가 저렴한 비인기 매장에 들어가는 것이었다. 그리고 객단가를 높였다. 메뉴의 양을 더 늘리고 가격도 올렸다.

그렇게 남편의 두 번째 브랜드는 집에서 20분 거리에 있는 한 아파트 단지 내 상가에 자리를 잡았다. 최대한 임대료가 싸면서 배달기사들이 오가기 어렵지 않은 곳에 자리를 잡았다. 준비는 일사천리로 진행되었다. 한번 해본 경험이 있으니, 모든 것에 속도가 붙었다. 두 번째 브랜드는 두 달 만에 런칭되었다. 2020년 2월 초였다. 한참 추운 겨울이었지만, 실내에 있었기에 다행히 아파트 주민들의 방문도 꽤 있었다. 그렇게 오픈빨을 즐기고 있었는데, 처음 보는 손님이 찾아왔다.

그 이름은 코. 로. 나. 갑자기 순식간에 전국으로 퍼져버린 신종 인플루엔자 코로나가 대한민국을 덮쳐버렸다. 그리고 2020년 2월 29일 사회적 거리두기가 시작되었다. 코로나의 공포가 전국에 퍼졌다. 순식간에 포장 손님은 뚝 끊겼다. 모두가 예민해졌고, 모든 상황이 혼란스러웠다. 맘카페에서는 어느 매장에서 직원들이 마스크와 장갑을 잘 꼈는가가 이슈였고, 마스크와 장갑착용이 습관화되지 않던 코로나 초창기에는 매번 직원들 위생 상태를 점검하는 일이 중요 업무 중의 하나가 되어버렸다.

거리두기가 시행되면서, 배달 전문인 우리에게는 기회였다. 그러나 그것도 잠시, 초기에는 코로나 특수를 누리는가 싶었으나, 전체적으로 배달 주문이 폭주하면서, 배달 기사 부족 문제가 생겼다. 시간 안에 배달을 보내야 하는데, 기사가 배치되지 않아 배달이 지연되는 경우가 자자했다. 그로 인해 주문 취소가 들어오거나, 음식이 식는 문제, 배달 사고 등 매장에서 컨트롤하기 힘든 여러 문제가 자주 발생했다. 게다가 시간이 지날수록 배달을 하지 않던 전문 음식점들까지 모두 배달시장에 뛰어들기 시작했다. 그야말로 배달을 하지 않는 음식점이 없을 정도로 대한민국은 배달 천국이 되고 말았다.

당연히 경쟁은 치열해졌다. 배달 경쟁은 배달 어플에서 이루어진다. 배달 어플에서는 고객의 눈에 한 번이라도 더 띄기 위해 소위 깃발이라는 것을 꽂는다. 깃발을 꽂는 숫자만큼 우리 가게 노출 슬롯을 확보할 수 있다. 깃발은 한 달에 약 10만 원꼴이다. 한 매장당 최대 10개까지 꽂을 수 있어 규모가 있는 업체는 월 100만 원 정도를 깃발에 투자하기도 한다. 하지만, 우리 같은 작은 규모에서는 깃발 한두 개 꽂는 것도 신중해야 했다. 깃발을 꽂는다고 무조건 매출이 나는 것도 아니었기에 공부는 필수였다.

위 문제들은 본점 하나를 오픈하고서 바로 겪은 표면적인 것들에 불과했다. 더 큰 문제는 따로 있었다. 이 사업의 수익 모델은 가맹사업이다. 그야말로 가맹점이 많이 생겨야 수익이 나는 구조이다. 그런데, 상상도 하지 못한 코로나 사태로 모든 것이 마비되었다. 코로나

19로 많은 사람들이 일자리를 잃거나 소득이 감소했다. 특히, 자영업자나 소규모 사업자, 비정규직 근로자 등은 코로나19로 인한 사회적 거리두기와 잠정적 폐업 등으로 매출 감소와 같은 어려움을 겪게 된 것이다. 이런 상황에서 누가 신규 브랜드 가맹점을 차리려고 할 것인가. 사실상 우리 사업의 진짜 고객들이 사라진 셈이었다.

거리두기가 지속화되면서, 사람들은 비대면 서비스에 익숙해져 갔고 프랜차이즈업계에서도 무인 매장들이 각광을 받기 시작했다. 소자본으로 주인이 직접 출근하지 않아도 되고, 직원을 쓸 필요도 없는 무인 창업 아이템들이 쏟아지기 시작했다. 그리고 온라인 시장이 기하급수적으로 커지면서, 더 이상 지역 배달이 아닌, 전국 배달이 가능한 밀키트 형식의 창업 모델도 쏟아져 나왔다. 세상은 빠르게 변해가고 있었다.

이런 와중에 남편은 주변에 직영점을 추가로 두 곳을 오픈했다. 왜 그랬냐고? 어느날 새로운 브랜드가 여기저기서 보이기 시작하면 사람들의 관심을 끌 것이고, 그것이 가맹사업으로 연결이 될 것이라 생각했기 때문이다. 그 덕분인지 감사하게 가맹계약도 이루어졌다. 수도권은 물론 지방에도 가맹점이 생겼다. 가맹점이 하나둘 생기면서 이제 좀 풀리는가 싶었다. 가맹사업의 수익모델은 가맹비를 받거나, 매달 로열티를 받는 형식이다.

그러나 초기에 주변의 말을 듣고, '가맹 ○○호점까지 가맹비 무료!!!'를 내걸었다. 그래서 가맹비도 받지 않고 가맹점을 내주었다.

그나마도 가맹점 매출이 잘 나오면 물류 쪽에서 이익이라도 볼 텐데, 가맹점들의 성적이 지지부진하여 결국 몇 개월 만에 줄줄이 폐업하기에 이르렀다. 가맹 수익도 못 벌고 폐점률만 높아졌다.

공부로 준비하지 못했던 실패를 이제야 깨닫다

나는, 남편이 사업을 하는 초기에는 막연히 믿고 따랐다. 내 전문 분야도 아니고, 실전 경험도 없으니, 뭐라고 훈수를 둘 자격이 되지 못했기 때문이다. 하지만, 점점 시간이 지나도 나아지는 것이 없고, 수입은 계속해서 마이너스이고, 집안의 곳간도 줄어들자 마냥 두고 볼 수만은 없게 되었다.

나는 아이가 어린이집에 간 시간 동안, 남편 사업을 돕기 위해 관련 자료나 정보들을 찾아보기 시작했다. 온라인에는 그야말로 어마어마한 정보들이 있었다. 아이 육아 정보나 쇼핑 정보, 그리고 재밌는 볼거리 위주로만 사용하던 온라인 세상에는 내가 모르던 세상들이 이미 자리 잡고 있었다. 유튜브라는 것을 이때 처음 보기 시작했다. 유튜브는 각종 자극적이고 유치한 영상만 가득한 곳이라고만 알고 있었다. 하지만 그곳에는 정말 다양한 비즈니스 정보들이 가득했다. 우리처럼 외식업을 하는 사람들, 자영업자들, 프랜차이즈 사업자들을 위한 영상도 많이 있었다. 나는 그 영상들을 하나씩 찾아보기 시작했다. 그리고 깨달았다. 아…너무 몰랐구나.

이미 온라인에는 이렇게나 많은 정보들이 있었는데, 이런 것도 모르고 사업을 시작했다니. 망치로 머리를 맞은 듯했다. 그리고 모든 것이 무너지는 느낌이었다. 길을 잘못 들어도 제대로 잘못 들었다 싶었다. 문제는 하나둘이 아니었다. 배달이라고 간과했던 매장 입지, 시장형성이 되지 않은 메뉴의 방향성과 타깃, 마케팅 능력 부족, 직원관리, 매장관리, 각종 시스템의 허술함 등등이 본점뿐만 아니라 가맹점의 실적에까지 영향을 미치고 있었다.

정말 하나하나 분석하자면 끝이 없을 정도이다. 내가 남편 옆에서 함께 도와가며 깨달은 가장 큰 것이 하나 있다. 그것은 바로 공부였다. 사업의 많은 문제들이 공부로 미리 대비할 수 있는 문제들이라는 것을 알게 된 것이다.

이삼십 대 젊은 사장들은 직접 몸으로 뛰어가며 부딪히고 깨지면서 배울 수도 있다. 그래도 다시 일어설 수 있는 시간이 있기 때문이다.

그러나 사십 대 가장은 다르다. 환경도 시간도 체력도 그들과 다르다. 가족의 안위를 담보로 하는 사업은 무모해서는 안 되며, 이삼십 대처럼 무작정 잠을 줄여가며 버틸 수 있는 체력도 아니다. 사십대에 재산을 잃고, 건강을 잃으면 재기는 점점 더 힘들어질 것이기 때문이다. 그래서 공부는 필수다. 나는 그래서 공부를 하기로 했다.

열심히 공부했는데,
돈 버는 법은 배운 적이 없다

무엇을 공부해야 할까?

사실 나는 서울에서 좋은 대학을 나오고, 미국 뉴욕에서 석사과정을 마치고, 국내에서 박사 수료까지 마친 나름 내 분야에서는 엘리트에 속한다. 그렇게 성실하게 공부만 해왔던 나인데, 마흔이 다 돼서 또 무엇을 공부해야 한다는 것인지. 그동안 내가 배워온 것은 대체 무엇인지. 나는 대체 무엇을 배웠기에 지금 나에게 남은 것이라고는 매달 줄어들고 있는 통장 잔고와 바닥을 향해 떨어지고 있는 자존감 뿐인지 의문이 들기 시작했다.

어릴 적부터 항상 모범생으로만 자라왔던 나다. 미술을 하면서도 성적도 항상 상위권을 유지하였고, 국내 최고 미술대학에 한 번에 합격했다. 그리고 뉴욕의 명문대에서 대학원 석사과정도 잘 마쳤으며, 한국에 돌아와 모교에서 박사과정을 밟으며 국내 상위권 대학교에서 전공 강의까지 해오던 나였다.

나는 참 할 줄 아는 게 많다. 어릴 적부터 그리기와 만들기를 잘했다. 손으로 하는 것이라면 뭐든지 잘했다. 그리고 기계하고도 친해서 컴퓨터도 잘 다루었고, 각종 컴퓨터 그래픽 프로그램도 수준급으로 다룬다. 거기에 미디어 아트를 공부하면서 코딩과 피지컬 컴퓨팅 기술까지 갖췄다. 대학과 직장에서도 코딩을 가르칠 정도였다. 그 외에도 여러 가지 잘하는 것들이 참 많다.

문제는 돈 버는 걸 못 한다. 그 기술들로 돈 버는 법을 모른다. 같은 미술이어도 디자인을 배웠으면 각종 디자인 알바라도 하면서 돈도 벌고, 취직이라도 했을 텐데, 그것도 아니다. 내가 대학과 대학원 과정을 거치면서 키워 온 것은 그야말로 작가정신이었다. 나는 철저하게 예술가가 되기 위해 모든 배움에 대한 열정을 바쳤다.

예술 활동을 하면서 돈을 번다는 것은 어려웠다. 심지어 나는 그림도 아니고 미디어 아트였으니 돈을 번다기보다는 계속해서 돈만 쓰고 있었다고 보면 된다. 작품 제작비를 벌기 위해 대학 강의도 나가고, 나중엔 작은 회사에 취직해 월급도 받았지만, 여전히 나는 돈 버는 방법에 대해서는 알지 못했고, 더 솔직히 말하자면 크게 관심도 없었다.

같이 공부했던 유학 동기들은 국내외 대기업에 취직도 잘했다. 하지만, 나는 내가 예술 활동만 해왔기에, 기업에서 할 수 있는 일이 없을 것이라고 생각했다. 나에게 다양한 능력들이 있었지만, 그것들을 내 작품 아이디어를 구현하는 데에만 사용할 줄 알았다. 내 기술을 기업에서 돈을 버는 데 쓸 수 있다고 생각해 본 적도 없고, '그런 생각'이라는 게 있는 줄도 모르고 살았다. 특히나 내가 공부한 전공이 당시 새로운 분야였기에 선례가 부족했던 것도 영향을 미친 듯하다. 대부분의 선배들이 대학 교수로 일하고 있었기 때문이다.

내가 공부를 잘했고, 그림을 잘 그렸고, 좋은 대학을 나왔다고 자랑하는 것은 아니다. 좋은 환경에서 좋은 학교 나오면서 배운 대로 잘 살아온 듯하지만, 마흔을 앞두고 이룬 것이 하나도 없었다는 것과 어떻게 해야 되는지 아는 것이 없다는 것을 깨달은 것이 핵심 포인트이다.

이것은 비단 나뿐만이 아닐 것이다. 학창 시절 공부 잘해서 좋은 대학에 간 지금의 삼사십 대들도 같을 것이고 지금의 이십 대도 다를 바 없을 것이다. 대학에 가면 모든 것이 해결될 것 같지만, 대학 입시가 끝나면 그때부터는 취업 입시가 시작되는 게 현실이다. 대학에서는 학문을 배우지만, 사실 학자가 될 것이 아니라면 사회에서는 크게 써먹을 일도 없다. 세상은 빠르게 변화하고 대학 교육은 쫓아가질 못한다. 기업에서 필요한 인재는 사실상 수능 잘 보고 대학 학점만 좋은 사람이 아니다. 그러니 다들 취업 공부를 따로 한다.

그렇게 또다시 취업 입시를 해서 직장에 들어가면 이제 열심히 벌고 모으기만 할 것 같다. 정신없이 앞만 보며 열심히 일한 삼십 대를 지나, 마흔쯤이 되면 돈도 꽤 모아 집이라도 한 채 마련하고 여유롭게 생활할 수 있을 거라 기대하지만, 이때 마주한 현실은 아무것도 없던 삼십 대 때보다 더 막막하게 느껴진다. 이것은 국내 최대 기업, 모든 부모님들이 자랑으로 생각하는 삼성을 다니는 직장인들도 다르지 않다는 것을 주변을 보면서 알 수 있었다.

어릴 적부터 '공부해라. 공부 잘해서 좋은 대학 가라. 좋은 대학 가서 좋은 회사에 취직해라. 그래야 잘 먹고 잘산다.'라고 부모님, 선생님, 사회로부터 배워왔다. 왜 배우는지는 모르지만, 학교에서 배운 내용으로 시험을 보고 성적을 나눈다고 하니 좋은 성적을 위해 공부해 왔다. 시험점수가 몇 점인지, 반에서 몇 등을 하는지가 중요한 학창 시절을 보냈다. 만족스러운 성적을 받지 못했을 때는 성적표를 위조하여 부모님께 보여준 적도 있으니 말이다. 대학에 가서도 취업이나 대학원 진학을 위해 학점 관리는 필수였다.

이렇게 관리해 온 학벌은 사실 사회 초반엔 유용하게 작용하긴 했다. 나 같은 경우는, 미국 유학을 다녀온 덕에 국내 박사과정에 바로 합격할 수 있었다. 그리고 여러 대학에서 강의할 수 있는 자격이 주어지기도 했다. 돌이켜보면 30대까지만 해도 나의 학벌과 스펙은 상당히 많은 부분에 영향을 미쳤던 듯싶다. 그도 그럴 것이 내가 이십 대를 바쳐 공부하고 배워온 것들을 세상에 펼쳐 보여준 시간이 삼십 대였기 때문이다.

하지만 문제는 아이를 낳은 엄마라면 모두가 겪게 되는 경력 단절. 나 또한 피할 수 없었다. 임산과 출산 그리고 육아라는 시간을 겪고 나니 모든 것이 제로로 돌아간 듯했다. 아니 오히려 나의 학벌은 불필요한 스펙이 되어버린 듯했다.

아이가 어린이집에 등원을 하고부터는 나도 경제활동을 해볼까 하고 기웃거려 봤다. 기존에 다니던 회사는 육아 휴직 중에 사업축소를 하면서 퇴직되었기에 복직할 곳도 잃은 상태였다. 나는 디자인 경력은 없지만, 다양한 디자인 툴 사용은 자신 있었기에 파트타임으로 디자인 업무라도 해볼까 싶어 용기 내어 이력서를 제출해 봤다. 아이를 봐야 하므로 풀타임 근무는 힘들고 파트 타임으로 구하고 싶었다. 그런데 어디에서도 받아주지 않았다. 우선 업무 경력도 없는데 학벌만 높고 이상한 예술 활동만 해온 마흔 다 된 아줌마를 뽑아줄 곳은 어디에도 없었다. 그나마도 파트타임이라니. 꿈도 야무졌다.

어느 날, 나는 유튜브를 보다가 뭔가 크게 잘못됐음을 깨달았다. 뭔가 많이 배우긴 배웠는데, 돈 버는 법을 배운 적은 없다는 것을 알게 됐다. 배운 것을 가지고 취직해서 월급받는 것이 아닌, 진짜 내 돈을 버는 방법에 대해서는 어디에서도 배운 적이 없다는 것을, 아무도 가르쳐주지 않았다는 것을 깨달았다.

그리고 이상한 점을 발견했다. 지금 시대에 돈 잘 버는 사람은 공부 잘하던 모범생들이 아니라는 것을 말이다. 학창 시절 공부 안 하고 놀던 애들이 오히려 돈을 더 잘 벌고 있는 것을 자주 목격하게 되었다. 왜지? 문득 '행복은 성적순이 아니잖아요'가 떠올랐다.

행복뿐만 아니라 돈도 마찬가지였다. 돈 버는 것도 성적순이 절대 아니었다. 물론, 기업에 취직해서 받는 연봉에는 영향을 미칠 수 있겠지만, 사회에서 버는 돈은 절대 성적순이 아니었다. 기업의 대표, 회장, 사장 그리고 요즘 시대 부자라는 유명 유튜버와 인플루언서들만 봐도 성적과는 무관하다는 사실은 쉽게 알 수 있다. 그리고 또 하나 이들의 공통점은, 어디에 취직한 상태가 아니라는 것이다. 유튜버와 인플루언서는 직장인도 할 수 있다. 하지만, 그들이 수익을 내는 유튜브와 SNS 속에서 그들은 그들 자체가 하나의 브랜드로서 역할을 한다.

도대체 그들과 내가 알고 있는 것에는 무슨 차이가 있는 것일까?
내가 모르고 그들만 아는 것은 무엇일까?
무엇이 다르길래 그들은 돈을 잘 벌고, 나와 남편은 이렇게 힘든 것인가?

나는 알고 싶었다.

욜로로 살다가
골로 갔다

돈에 대해 너무 몰랐다. 사업이 안 되고, 수입이 없이 잔고만 줄어들고 있는 상황에서 처음엔 모든 것이 남편 잘못처럼 느껴졌다. 하지만, 상황이 이렇게까지 나빠진 데에는 분명 나와 남편 모두에게 원인이 있지 않을까 하는 생각이 들었다.

2013년, 직장인이었던 남편과 시간강사이던 나는 용인의 작은 전셋집을 얻어 신혼살림을 시작했다. 워낙 합리적 소비를 좋아하던 나는, 비싼 브랜드 가구보다는 저렴하고 예쁜 가구들로 신혼살림을 마련했다.

차가 없던 우리는 연애 시절에도 버스와 지하철을 타고 서울에서 데이트를 즐겼고, 결혼 후에도 가끔 장을 보러 나가는 날 외에는 크게 차가 필요하지도 않아 불편하지 않았다. 가끔 차가 필요할 때는 쏘카를 이용하거나, 친정 부모님께 빌려 타곤 했다.

사실 남편은 차를 엄청 좋아해서 매일 유튜브로 각종 자동차 리뷰 영상을 보는 것이 취미였다. 유학 시절 미국에서 외제 차를 운전했던 경험이 있는 남편은 우리의 경제 수준에 맞지 않게 외제 차를 사고 싶어 했다. 나는 그것은 우리 수준에 맞지 않는 소비이고, 만약 차가 필요하다면 아반떼 정도면 충분하다고 생각해 왔다. 그러던 어느 날, 결혼 2년 차쯤이었을 것이다, 우리는 BMW 승용차를 구매하게 된다. 충동적이었다.

한참 추운 겨울, 친구의 결혼식이 있었다. 하필이면 최강 한파가 예보되어 있었다. 결혼식은 오랜만에 친구들을 만나는 자리이기에 힘을 주고 나가지 않는가? 나 역시, 어떤 옷을 입고 갈까 하고 한참을 고민했다. 그런데 최강 한파에 뚜벅이로 결혼식에 참석하려니, 멋내기가 힘들었다. 한참을 고민하다가 얼어 죽느니, 따뜻한 게 좋겠다 싶어 패딩에 부츠를 신고 갔다.

최강 한파라고 하니, 다들 나랑 비슷한 옷차림일 것이라고 생각했지만 아니었다. 날도 추운데 친구들은 하나같이 스커트에 예쁜 하이힐을 신고 얇은 코트로 한껏 멋을 부리고 온 것이 아닌가. 그렇다. 차를 타고 오면 껴입지 않아도 된다. 하필이면 신부대기실이 신발을 벗고 들어가야 해서, 부츠를 신고 온 나는 낑낑대며 벗었다 신었다를 하는데 굉장히 모양이 빠졌다. 나는 괜히 초라해지는 기분이었다.

'추워도 그냥 치마에 구두 신고 코트 입고 왔어야 했는데!!'라는 후회가 머리끝까지 밀려왔다.

친구들과 헤어지는 길, 차를 가져온 친구들에게 가까운 지하철역까지 태워달라고 했다. 차를 타고 온 친구들이 많았기에, 나는 한 치의 의심 없이 당연히 같이 가자고 할 것으로 생각했다. 하지만 상황은 나의 예상과 다르게 흘러갔다. 가는 방향이 달라서 안 될 거 같다, 지하철역이 어디 있는지 모르겠다 등등.. 이쪽으로 가든, 저쪽으로 가든 서울 한복판에서 지하철역은 나오는데…. 운전이 서툰 친구들이었는지 다들 어려워했다.

내가 길을 알려줄 테니 중간에 내려주고 가면 된다고 하여 어찌저찌 지하철역까지 얻어 타고 왔다. 나라면, 차 없이 온 친구들 다 타라고 해서 근처까지 태워줬을 텐데, 모두가 나 같지 않으니 어찌하겠는가? 나는 그냥 혼자 쿨하게 택시 타고 올 걸, 괜히 차 얻어 타려다 비굴해진 듯하여 내내 찜찜하고 불편했다.

참 이상했다. 그깟 자동차가 뭐라고, 비싼 외제차를 타고 위화감을 조성한 것도 아닌데, 자동차 한 대로 신분이 나뉜 느낌이었다. 사실, 우리는 그 사람이 어떤 차를 타는가를 보고 잘사는지 아닌지 판단하지 않는가? 결혼하더니 외제차를 몰고 온 친구를 보면 '와~ 시집 잘 갔네' 하며 부러워하면서도 배 아파하는 것이 현실이다. 그런데 나는 작은 경차 한 대도 없이 뚜벅이였으니, 그 기준으로 따지면 최하층민이었던 것이다. 물론 이것은 나의 문제였다. 차가 없다는 것이 마음에 걸렸기에, 이런 감정이 훅 올라온 것이다. 만약, 차가 있으면서도 대중교통이 더 편해서 내가 선택한 것이라면 마음이 달랐을 것이다.

이날 빈정 상한 마음이 트리거가 되어, 얼마 후 바로 남편에게 차를 사자고 했다. 그것도 당신이 원하는 외제차를 사자고 했다. 그렇게 해서 우리는 첫 차로 BMW를 샀다. 저축액을 다 쏟아 넣고, 할부까지 끊어서 샀다. 충동적이었다.

그리고 욜로가 시작되었다. 어차피 아이 계획도 없고, 세상엔 갈 곳도 많고, 먹을 것도 많았다. 요식업 계열에 종사하는 남편 핑계로 유명하고 좋은 레스토랑도 자주 찾아다녔다. 패션도 좋아하고 먹는 것도 좋아하는 우리는 한 번씩 해외에 가서 쇼핑도 즐겨 했다. 한번 해외여행을 가면 그 지역의 미슐랭 스타 레스토랑에 가서 한 끼 식사에 둘이서 100만 원이나 지불한 적도 여러 번이다.

그렇게 한 번씩 여행에서 큰돈을 쓰고 돌아와도, 둘이 먹고 사는 데는 전혀 지장이 없었다. 잔고가 바닥이 나도 다시 벌면 되니 별생각 없이 살았다. 시간강사를 그만두고 직장에 취직한 후에는 본격적으로 맞벌이가 시작되면서 더욱 돈이 잘 모였고, 일상생활에서는 크게 돈 쓸 일이 없었기에 우리 부부는 꽤 풍족하게 살았다. 집은 전세였지만 집주인이 해외살이 중이라 이사 걱정이 없어 부동산에도 관심 없이 잘 살며 지냈다.

그렇게 계속 잘 먹고 잘살 줄 알았지만, 아이가 태어나면서 모든 것이 바뀌기 시작했다. 이사도 해야 했고, 남편은 사업을 시작했다. 사업을 하는 동안 생활비를 받을 수 없어 매달 저축액을 까먹기 시작했고, 코로나와 함께 부동산 시세가 무섭게 상승할 때 우리는 집도 없이 벼락 거지 중의 거지가 되고 말았다. 그야말로 욜로로 살다가 골로 가버렸다.

지금 생각하면 참으로 돈에 무지했다. 월급받고, 예금 적금 드는 것 외에는 관심도 없이 살았다. 집값이 오르는지 내리는지, 주식을 어떻게 하는 건지도 모르고 살았다. 사실, 부동산이니 주식이니 재테크라는 말만 들어도 어렵게 느껴졌다. 그래서 관심이 가지 않았고, 그것은 다른 사람들이나 하는 것으로 생각했다. 어디서 복리이자라는 것은 들은 적은 있는데, 사실 들어도 잘 이해가 가지 않았다.
결혼 초에는 무료 재테크 상담도 받아보며 배워보고 싶었지만, 상담사가 추천해 주는 각종 투자 상품은 기초지식이 없으니 판단이 되지 않아 가입하지 않았고, 그때 배운 통장 쪼개기만 실천해 온 것이 전부다. 그리고 그 이상 알아볼 생각도 관심도 없이 지냈다. 주변에 주식이나 부동산 투자를 하는 친구도 없었고, 재테크에 대해 얘기를 하는 사람도 없었다. 사실 요즘이야 너무나 자연스럽게 대화의 주제

로 돈이 등장하지만, 불과 몇 년 전까지만 해도 돈은 꺼내기 힘든 주
제이기도 했다. 그냥 열심히 벌고, 더 벌고, 안전한 곳에 잘 모아두는
것만 하면 그럭저럭 잘 살아지겠거니 했다. 그랬다가 벼락 거지가 되
었다.

이렇게 돈에 대해 전혀 몰랐던 점, 재테크라는 개념조차 없었던
점, 그것들을 어렵다고 생각해서 알려고 하지도 않았고, 알고 싶지도
않았던 점들이 결국 통장에 두 달 치 생활비만 남게 된 상황까지 오게
한 건 아닐까 하는 생각이 들었다. 결혼을 했다면, 부부 중 한 사람이
라도 재테크에 대해 제대로 알고 관리를 해야 하는데, 둘 중 그 누구
도 하지 않았으니, 결국 어느 한 사람의 문제라기보다는 부부가 함께
책임지고 해결해야 하는 문제라는 결론에 이르렀다.

나는 생각했다. 이건 내가 해결해 보겠다고. 남편은 현재 사업만
으로도 바쁘고 어려우니 내가 해보겠다고 다짐했다. 그래도 그나마
내가 잘 관리하고 모아둔 돈이 있었기에 남편이 수입을 가져다주지
못하는 상황에도 우리 가족이 잘 버틸 수 있지 않았는가! 또한, 신혼
때부터 통장관리는 내가 하고 있었으니, 이것은 나의 의무이자 사명
이며 책임이라고 받아들이기로 결심했다.

돈, 인생의 전부가
아니라고 생각했다

돈을 싫어했다.

"젊을 때는 돈이 인생에서 가장 중요한 것인 줄 알았다. 나이를
먹고 나니, 그 말이 사실이었음을 알게 되었다."

– 오스카 와일드

세상에 돈 싫어할 사람 없다고 하지만, 사실 들여다보면 대부분의
사람들 마음속에는 돈에 대한 부정적인 감정이 있다. 특히 아직 부자
가 아니라면 말이다. 나도 그랬다. 돈이 많으면 좋겠지만, 돈을 인생
에서 우선순위에 두지 않았다. 돈을 좋아하면 속물이라는 인식, 물질
만능주의를 지향하며 삶에서 진정으로 중요한 가치들을 보지 못하는
어리석은 사람이라는 인식이 나도 모르게 박혀 있었다.

돈은 사람들을 불공평하게 하고, 인간관계에서 치사한 상황을 만들게 하고, 돈 때문에 비교하고 비교당하고, 돈으로 가치를 평가하는 등의 모든 것들에 거부감이 들었다. 부자에 대한 인식도 다르지 않았다. 착한 사람은 부자가 되지 못하고, 돈을 못 번다고 생각했다. 부자는 자기 이익밖에 모르는 욕심쟁이에 정의롭지 못하며, 성격도 괴팍하고 자기보다 돈이 없는 사람을 무시하는 나쁜 사람이라는 이미지가 있었다.

나뿐만 아니라 남편도 같은 생각이었다. 남편은 직장을 다니다가 부자가 되기 위해서 사표를 내고 사업에 도전했다. 회사가 잘 될수록 회사의 대표만 돈을 벌고, 자신은 절대 그들과 같은 부를 누릴 수 없다는 것을 깨달았다고 했다. 그러나 사업은 쉽지 않았고, 남편은 자주 이런 말을 했다.

"착한 사람은 부자가 못 되나 봐. 내가 봐 온 부자들도 성격이 괴팍하고 자기중심적이었어."

남편은 자신도 부자가 되기 위해서는 그들과 같은 나쁜 사람이 되어야 한다는 생각에 힘들어했다. 가맹사업을 하면서 부자가 되려면 가맹점주에게 나쁜 사람이 되어야 한다는 결론이 나온다. 부자가 되고 싶다고 해서 나쁜 사람까지 되고 싶은 사람이 과연 얼마나 있을까. 게다가 우리가 미디어를 통해 봐 온 나쁜 부자들은 결국 회사가 망하고, 가족을 잃고, 감옥에 가는 등 보통 끝이 좋지 않다. 마치 〈흥부와 놀부〉 이야기처럼 영화나 드라마 속 부자들뿐만 아니라 뉴스에 나오는 실제 부자들도 하나같이 놀부처럼 보여지지 않는가. 이것은 결코 우리가 되고 싶은 모습이 아니지 않은가.

돈에 대한 부정적 생각 버리기

나에게는 또 한 가지 부정적 인식이 있었다. 부자가 되려면 돈을 많이 벌기 위해 잠을 줄여가며 일해야 하고, 그로 인해 항상 피곤하고 힘들며 가족과 함께 할 시간조차 없는 삶을 살아야 한다고 알고 있었다.

나에게는 어릴 적 우리 아버지에 대한 각인된 기억이 하나 있다. 내가 초등학생 때였던 것으로 기억한다. 그전에는 아버지와 자주 시간을 보내며 추억을 많이 쌓았는데, 언제부터인가 아버지가 일을 많이 하시느라 집에도 늦게 오시기 시작하였다. 퇴근 후 아버지의 모습은 항상 피곤하고, 스트레스로 인상이 많이 찌푸린 얼굴이었다. 아버지는 직장뿐 아니라 다양한 투자를 병행하시며 재산을 늘려가셨고 우리 집은 점점 잘살게 되었다.

하지만 나는 돈을 잘 벌어오시는 아버지가 마냥 좋지만은 않았다. 돈을 많이 벌수록 더 많은 스트레스를 받으시는 듯 보였다. 아버지의 웃는 얼굴이 점점 보기 힘들어졌고, 나는 돈보다 사랑을 표현해 주시던 어릴 적 기억 속 아버지가 그리웠다. 용돈도 싫고 그저 따뜻한 아버지를 원했었다.

그래서였을까. 나는 돈이 마냥 좋지만은 않았다. 돈은 꼭 필요하지만, 돈보다 더 중요한 것이 훨씬 많다고 생각했다. 돈은 그냥 적당히 있으면 된다고 생각했다. 굶어 죽지 않을 정도만 있으면 된다고 말이다. 그보다는 마음이 더 값지고 중요하다고 생각했다. 결혼도 돈보다 사랑과 믿음만 있으면 충분하다고 생각했다. 결혼은 현실이라며 돈이 정말 중요하다는 말도 귀담아듣지 않았다.

그랬던 내가 지금 돈에 대해 말하고 있다. 돈에 집중하고 있다. 살아보니 알겠더라. 돈이 정말 중요했음을. 돈이 인생의 전부라고 말할 순 없지만 대부분이더라,라는 것을 깨달았다.

아이를 키워보니 더욱 그러하다. 맞벌이에서 남편 혼자 벌어야 하는 외벌이가 되었는데 식구는 하나 더 늘었다. 어른이야 돈이 부족하면 덜 먹고 덜 쓰고 살 수 있다고 하지만, 한참 성장해야 하는 아이는 그럴 수 없다. 수입은 줄었고 고정비와 지출액은 늘었다. 말로만 듣던 기저귓값, 분윳값은 어마어마했고, 퀄리티에 따라 가격도 천차만별이다. 친환경일수록 유기농일수록 가격은 비싸다. 해줄 수 있다면 아이에게 좋은 것만 해주고 싶은 것은 모든 부모가 같은 마음일 것이다.

이유식을 시작하면 돈은 더욱 현실적으로 다가온다. 마음은 장바구니에 각종 유기농 채소와 청정 유기농 목초육, 난각번호 1번 계란 등 최상급으로만 담고 싶지만 현실은 결코 쉽지 않다.

외벌이도 힘든데 남편이 사업을 시작했다. 다음 달 잔고가 어떻게 될지 미지수다.

상황이 이렇게 되니, 돈은 중요하지 않다고 했던 나는 더 이상 존재하지 않게 되었다. 돈이 없으면 내 아이를 지킬 수 없다. 돈이 없으면 먹을 수 없고, 잘 곳이 없고, 아파도 치료할 수 없고, 자본주의 사회에서 인간답게 살아갈 수 없음을 알게 되고 말았다.

돈이란 참으로 요물같다. 남편이 돈을 못 벌어오니 남편이 미워지고 싫어진다. 그를 사랑한 적이 언제인지 싶을 정도로 꼴 보기가 싫어진다. 남편 또한 돈을 못 벌어오니 내 얼굴 보기가 불편했을 것이다. 말하는 이의 의도와는 다르게 상대의 말 한마디 한마디가 곧이곧대로 들리지 않고 오해와 곡해가 난무하며 부부 사이를 멀어지게 한다. 통장 잔고는 곧 마음의 여유였다. 잔고가 줄어드니 마음의 여유도 줄어든다. 반면에 통장 잔고가 늘어나니 마음에 여유도 늘어나더라.

인정하고 싶지 않아도 돈이 인생에서 매우 중요한 것임을 받아들이기로 했다. 돈이 없으면 나와 내 아이, 내 가족의 생계가 위협받음을 경험을 통해 배웠기 때문이다.

도대체 돈은
어떻게 버는 거지?

지금이라도 돈 벌 수 있을까. 나도 돈 벌고 싶다.

공정한 수단으로 벌 수 있다면, 돈을 벌어라. 공정한 수단으로
벌 수 없다면, 그래도 어떻게든 벌어라.

– 호라티우스

나는 돈에 대한 결핍이 크지 않았다. 부모님 덕분에 여유롭게 자라오면서 하고 싶은 공부 다 하며 어려움 없이 자랐다. 대학과 대학원 공부를 하면서도 졸업 후 돈을 벌어야 한다는 생각은 해본 적이 없다. 다만 유명한 예술가가 되고 싶기는 했다.

대학을 다니면서 잠깐 미술학원 선생님으로 아르바이트를 해본 적이 있다. 그러나 두 달 하고 그만뒀다. 당시 교수님께서 자기 발전

에 도움이 되지 않는 미술학원 아르바이트는 하지 말라고 하셨다. 부모님께서 공부하라고 대학에 보내주셨으니 미술학원, 카페, 음식점 같은 데서 돈 몇 푼 버는 데 시간 쓰지 말고 작업에 집중하라고 하셨다. 참 맞는 말이지 않은가. 대학교에 왔으면 학업에 집중하는 게 맞는 것인데, 이제 와 생각하면 다양한 아르바이트 경험을 해보지 못한 것이 아쉬움으로 남는다.

대학 졸업 후 바로 유학을 떠났다. 뉴욕에서의 대학원 생활은 부모님이 보내주시는 돈으로 걱정 없이 공부에 집중할 수 있었다. 대학원 졸업 후 뉴욕에서 자리를 잡지 못하고 있던 2008년 겨울, 부모님께 전화가 왔다. 유학자금을 보내주기가 어려워졌으니, 한국으로 들어오라는 전화였다. 내가 대학원을 졸업했던 2008년은 그 유명한 서브프라임 모기지 사태가 터진 해이다.

이 사태가 벌어지기 전만 해도 학교를 졸업하면 다양한 회사에서 인턴으로 일할 수 있는 기회가 많았다. 하지만, 내가 졸업한 그 해 금융 위기가 터지면서 유학생들이 갈 수 있는 인턴 자리는 급격하게 감소하고 말았다. 나 또한 딱히 갈 곳이 없어 뉴욕의 한 예술센터에서 작가를 서포트해 주는 일을 무급으로 하며 경험을 쌓고 있을 때였는데, 한국에 계신 우리 부모님도 영향을 피해 갈 수 없었던 것이었다.

한국에 돌아와서는 운이 좋게 바로 대학 시간강사로 채용이 되었다. 그렇게 처음으로 돈을 벌게 되었다. 나는 시간강사로 용돈 수준의 돈을 벌면서 그 돈으로 내 작품활동을 하는 데 사용했다. 예술활동을 이어가고 싶었다. 그것이 내가 지금껏 공부해 온 이유였으니 말이다. 하지만, 나는 내 꿈을 밀어붙일 수 없었다. 내게 경제적 능력이 없었기 때문이다.

부모님께서는 작품활동에는 경제적 지원이 힘들다고 하셨다. 그러나, 박사과정에 들어가 학위를 딴다고 하면 등록금은 지원해 주시겠다고 하셨다. 추후에 교수가 되면 학생들도 가르치면서 하고 싶은 예술 활동도 얼마든지 할 수 있지 않겠느냐고 하셨다. 나는 사실 선택의 여지가 없었다. 그렇게 박사과정에 들어갔고, 장학금 지원을 받을 수 있는 프로그램에 참여해 매달 나오는 장학금을 월급처럼 받으며 작품활동을 이어갔다.

나의 작품은 판매가 어려운 작품이었다. 코딩으로 센서가 작동하고 소리가 나고 빛이 나고 모터가 움직인다. 그림처럼 사서 걸어둘 수 있는 형태가 아니다. 전시를 하면 반응은 좋지만, 판매로 이어지기가 힘들다. 판매가 안 돼서 걱정이기도 하지만, 사실 누가 구매하겠다고 해도 걱정이었다. 초기 작품은 덩치가 커서 운반과 설치에도 비용과 힘이 많이 들었다. 전시 후에는 보관도 문제였다. 버는 것보다 나가는 돈이 많으니 나는 점점 작품을 축소해 갔다. 제작비도 덜 들고, 판매와 보관이 쉬운 형태로 타협해 갔다. 온오프라인으로 다양하게 판매도 시도해 보았지만 쉽지 않았다.

박사과정을 밟으며 시간강사와 작품활동을 이어가고 있을 때였다. 내게 한 공대 교수님께서 그러지 말고 어디 작은 회사라도 들어가서 월 200만 원이라도 벌어보는 게 어떠냐고 하셨다. 나는 이 말이 굉장히 충격적이었다. 그때까지 그 누구도 월 200만 원이라도 벌어보라고 말해준 사람이 없었기 때문이다. 좋은 학교에 유학까지 다녀왔으니 못해도 대기업 월급 정도는 벌어야 하지 않겠냐는 것이 부모님을 포함한 주변의 기대감이었고 나는 그러한 기대에 부응하지 못해 항상 죄인 같은 마음이었다. 그런데 나의 배경을 다 알고 계신 교수님께서 이런 말씀을 해주시는 것이 나는 너무도 감사했으며 꽉 막혀 있던 숨통이 트이는 느낌이었다.

나는 바로 다음 날부터 일자리를 알아보기 시작했고, 마침내 전공과 연관된 단체에서 채용공고를 올린 것을 발견하게 되었다. 나는 그렇게 서른네 살에 처음 취직을 하게 된다. 당시 회사 직원들의 평균 연령은 이십 대 초반으로 나와 열 살 이상 차이가 나기도 했지만, 나는 그들과 동일하게 수습 과정부터 차례대로 밟아갔다. 나의 첫 월급은 200만 원이 되지 않는 수준이었고, 수습이 끝난 후에는 월급이 200만 원이 조금 넘는 수준이었다. 이곳이 나의 처음이자 마지막 직장이 되었다.

나에게 돈을 버는 것이란 참으로 어렵게 느껴졌다. 도대체 무엇으로 어떻게 돈을 벌어야 하는지 막막했다. 할 줄 아는 것은 많은 것 같은데 도대체 그것을 어떻게 돈으로 연결해야 할지 도무지 모르겠고 용기도 없었다. 그저 누군가 만들어둔 조직 안에서 나의 지식과 시간을 돈과 바꾸는 것이 최선이라고 생각했다. 그리고 그것은 참으로 재미가 없었다. 내가 평생 좋아해 오던 예술도 돈벌이가 되지 않자 점점 마음이 멀어졌다.

아이도 생기고 나이도 먹고, 이제 믿을 것은 남편뿐이었다. 남편의 사업에 우리 가족의 미래가 달려 있었다. 이제 내가 해야 하는 것은 남편을 돕는 일뿐이라고 생각했다. 하지만, 상황은 예상과 다르게 흘러갔고 남편뿐만 아니라 나도 가정 경제를 위해 무언가 액션을 취할 필요가 있음을 느꼈다.

마흔 다 되도록, 돈을 제대로 벌어본 경험도 없는 아줌마가 어떻게 돈을 벌어야 할지 막막했다. 그때, 나는 돈을 벌기 위해서는 돈에 대해 공부해야 한다는 것을 알게 되었다. 돈을 공부한다고? 그게 가능해? 세상에 그런 게 있어? 이럴 수가. 한때 대학교수 임용 면접까지 봤던 나인데, 지금껏 돈 공부라는 말은 듣지도 보지도 못했다. 대체 이 공부는 어디서 할 수 있단 말인가? 누구에게 배울 수 있다는 것인가? 어디서 배울 수 있다는 것인가? 나는 모든 것이 궁금했고 빨리 배우고 싶었다.

마흔을 코앞에 두고 다시 공부를 시작했다. 아니, 진짜 공부를 시작했다. 이 세상에 스스로 살아남을 수 있는 진짜 힘을 기르기 위한 공부. 바로 돈 공부를 말이다.

피아노를 잘 치고 싶으면 피아노를 배우고, 수학을 잘 하고 싶으면 수학을 배우는 것이 당연한데, 돈을 잘 벌고 싶으면 돈에 대해 공부해야 함을 왜 몰랐을까. 나는 왜 이제야 알게 되었을까. 아니 이제라도 알게 돼서 정말 다행이다.

나는 단어만 들어도 머리가 아프고 외계어같이 느껴지던 각종 경제 용어에서부터 자본주의, 주식, 부동산, 창업, 사업, 트렌드, 마케팅 더 나아가 인문학, 세계사, 국제정세까지 공부하게 되었다. 그리고 이 모든 공부보다 앞서야 할 것은 마인드, 잠재의식, 무의식 더 나아가 우리 뇌에 대해 아는 것임을 깨달았다.

창업을 준비하려면 먼저 알아봐야 하는 것들

❶ 사업이 처음이지 않는가?

창업 경험이 없거나, 대기업처럼 시스템이 잘 갖춰진 곳에서만 근무했다면, 철저한 사전 조사와 준비, 그리고 단단한 마음가짐이 필요하다.

❷ 온라인 매체를 적극 활용하라.

유튜브에는 창업에 관련한 많은 정보가 있다. 매장 입지, 메뉴의 방향성과 타깃, 마케팅, 직원관리, 매장관리, 각종 시스템 등 성공과 실패 사례를 면밀히 보고 배워라.

❸ 공부하라.

자본주의, 주식, 부동산, 창업, 사업, 트렌드, 마케팅 더 나아가 인문학, 세계사, 국제정세까지 공부하지 않으면 시시각각 변화하는 상황에 맞춰 대응하기 쉽지 않다.

나는 가슴이 뛰기 시작했다. 마흔이, 사십 대가 단단한 돈을 벌 수 있는 가장 좋은 시기라니! 나는 이제 희망이 없다고, 그야말로 이번 생은 글렀나보다 했는데, 이제부터가 진짜 시작이라니! 나는 마치 다시 스무 살이 된 듯, 지나간 시간이 다시 생긴 듯 설레기 시작했다.

나는 이 기쁜 사실을 남편에게도 빨리 알려주고 싶었다. 사업장 출근을 준비하던 남편을 불러서 노트북을 켜고 켈리 최 회장님의 인터뷰 영상을 함께 봤다. 그리고 김승호 회장님의 책을 보여주며 우리는 지금 인생에 있어서 가장 중요한 시기에 있다고, 지금 제로에서 시작하더라도 얼마든지 성공할 수 있고, 부자가 될 수 있다고 말하며 우리의 사십 대를 멋지게 만들어보자고 했다.

chapter 2

마흔,
끝이 아니라
시작이었다

늦었다고 생각할 때가
가장 빠른 때이다

서른아홉, 곧 마흔. 화려하게 빛날 줄로만 알았던 내 삶에 깊은 어둠뿐이었다. 꿈, 목표, 희망, 설렘, 생기 따위는 없고, 막막함, 좌절, 불안, 분노, 짜증, 우울로 가득했다. 이제 와서 내가 무엇을 어떻게 할 수 있을지 막막했다. 아니, 내가 뭘 한다고 해서 되기는 하는 건지 사실 불안했다.

미디어에 자주 등장하는 '젊은 사업가' '청년 CEO' 이런 말들은 나를 더욱 위축시켰다. 남편이 사업을 시작할 때 '젊은 사업가'라는 포지션을 생각하며 시작했다. 사실, 우리 어릴 땐 사장님이라고 하면 나이 지긋한 오십 대 아저씨 이미지를 떠올리지 않았는가. 그래서 삼사십 대가 사업을 한다고 하면 젊은 사업가 타이틀을 가질 수 있었다. 그런데 요즘은 '젊은 사업가' 타이틀을 달려면 삼십 대도 아닌 이십 대는 되어야 자신 있게 붙일 수 있는 타이틀이 되고 말았다.

나는 남편에게 말했다. "요즘 사십 대는 젊은 사장도 아니야. 이십 대 사장도 얼마나 많고, 심지어 십 대 사장도 있더라. 이젠 옛날 같은 시대가 아니야. 사십 대는 어디에도 명함 못 내밀어." 남편에게 겸손하라는 의미로 한 말이었다.

사실 이 말 속에는 '우리는 늦었다.'라는 것이 전제되어 있었다. 남편뿐이겠는가? 나는 더 문제였다. 곧 마흔인 예술만 하던 아줌마를 채용해 줄 곳은 그 어디에도 없었다. 게다가 이제 와서 뭘 새로 시작한다는 것도 불가능하다고 생각했다. 언제 시작해서 언제 돈을 버는 말인가? 또 그것이 꼭 성공한다는 보장은 어디에 있는가?

게다가 사실 나는 내가 뭘 하고 싶다는 생각이 없었다. 어릴 적부터 평생을 천직으로 알고 걸어왔던 예술가로서의 길에서 내려온 후였기 때문이다. 한 곳만 바라보며 꿈을 키워온 십 대, 꿈과 희망을 가지고 열정으로 타올랐던 이십 대를 지나, 주어진 현실과 타협하면서도 포기하지 않고 가능한 한 할 수 있는 모든 시도를 다 해본 삼십 대를 지냈다. 그리고 도착한 지점은 '이제 그만하고 싶다.'였다. 지속적인 작품 활동은 버는 돈보다 들어가는 돈이 많았다. 나는 나의 예술 활동에 회의가 들기 시작했다. 이것이 말로만 듣던 비싼 취미생활인가 싶었다.

나는 내 꿈을 잃었고, 목표를 잃었다. 하고 싶은 것을 잃었다. 누가 작품 하라고 몇억, 아니 수십억 수백억을 줘도 다시 하고 싶은 생각이 없었다. 뭐 이제 마흔이고 그러다 보면 곧 쉰이고 환갑이고 하다 보면 그냥 그렇게 살다가 남들처럼 평범하게 늙겠거니 싶었다. 그야말로 총체적 난국이었다. 남편은 남편대로 안 되고, 육아는 육아대로 힘들고, 나는 나대로 꿈이 없으니 그 어디에도 돌파구는 보이지 않았다.

그러던 어느 날이었다. 우연히 유튜브 알고리즘이 내게 한 영상을 띄워줬다. 빚 10억이 있던 한 여성이 유럽에서 수천억 매출을 내는 기업을 운영하는 부자가 된 스토리였다. 바로 켈리 최 회장님 인터뷰 영상이었다. 그녀는 영상에서 마흔에 빚이 10억이 있었다고 했다. 우울증에 죽으려고까지 했다가 다시 일어서 지금의 부자가 되었다고 한다. 나는 그녀를 보면서 처음으로 희망을 품었다. 뭐? 마흔에 빚이 10억이었는데, 그때부터 다시 시작해서 5년 만에 연 매출 수천억 기업을 만들었다고? 그녀가 마흔부터 시작했다는 말에 나는 희망을 가져보기로 했다. 그냥 믿기로 했다. 마흔부터 해서 5년이면 나도 해볼 만했다.

그러고 보니 사십 대에 시작해 큰 부를 이루어낸 부자들이 하나 둘이 아님을 발견했다. 《돈의 속성》과 《사장학개론》의 저자이자 국내 사장들의 멘토로 유명한 김승호 회장님도 마흔 하나에 시작한 김밥 사업으로 지금의 부를 이루었다. 영화 〈파운더〉의 실제 인물인 레이 크록은 쉰 둘에 맥도날드를 인수하면서 부자의 반열에 오르게 되었다. 이 외에도 마흔 이후에 새롭게 도전하여 성공한 사람들이 굉장히 많음을 알아냈다. 그렇다면 나도 한번 해볼 수 있지 않을까? 하는 작은 도전의식이 생기기 시작했다.

그리고 이때, 김승호 회장님의 《김밥 파는 CEO》를 읽다가 확신을 가지게 되었다. 그는 저서에서

"비록 같은 액수의 돈이라도 같은 가치를 지니지는 않는다. 20대에 버는 돈은 달이 가기 전에 없어지고, 30대에 버는 돈은 해가 바뀌기 전에 없어지며, 40대 이후에 버는 돈이야말로 자신의 무덤까지 가져간다."

"경제활동 측면에서 한 인간의 자본은 마흔 이전과 이후로 명확히 나뉜다. 대부분 마흔 전에 번 돈은 경험과 교육을 위해 사용된다. 나이 사십에 남은 재산이라고는 혹독한 수업을 거친 빈털터리 사업가의 안목뿐이었다."

"사십 전에 버는 돈에는 인격이 없다. 그러나 사람 나이가 사십이 넘어가면 얼굴에 살아온 모습이 새겨지듯, 돈도 주인의 인격과 같은 인격을 지닌다. 인격을 지닌 돈이야말로 인생 끝까지 간직할 수 있으며 삶의 가치를 높여줄 것이다."

라고 했다. 그는 마흔이라는 나이가 얼마나 중요한 나이인지 인지시켜주었다. 그것은 또한, 어째서 마흔 이후에 성공한 사람들이 많은지, 그리고 그들의 부가 이삼십 대에 성공한 사람의 부와 비교해서

왜 더 안정적일 수 있는지 알 수 있게 해줬다.

김승호 회장님은 또 최근 저서 《사장학개론》에서 나이별로 버는 돈의 모습에 대해 이렇게 말했다.

"20대에 버는 돈은 모래다. 잡아도 흘러내리고 뭉쳐지지 않는다. 하고 싶은 거, 사고 싶은 거, 갖고 싶은 것이 많아 결코 손에 잡히지 않는다."

"30대에 버는 돈은 종자다. 어떤 씨앗을 가졌느냐에 따라 남은 생이 바뀐다. 알곡을 가졌으면 몇 배로 키울 것이고 쭉정이를 가졌으면 있는 것도 사라진다."

"40대에 버는 돈은 흙이다. 불에 달구면 벽돌보다 단단하다. 이때 모으지 못하고 배우지 못했으면 더 이상 기회는 없다."

나는 읽으면서 공감하지 않을 수 없었다. 나는 이십 대에 거의 돈을 못 벌기도 했지만, 하고 싶고, 갖고 싶고, 사고 싶은 것들에 나에게 들어온 모든 돈들은 어느새 모래처럼 흩어져 사라져 버렸다. 삼십 대에 번 돈은 그야말로 종자가 되어 남편이 사업을 시작하는 데에 쓰였고, 그 시간을 버티는 데에 쓰였다. 그런데 알곡이 아니라 쭉정이였는지 거의 사라지고 말았다. 그리고 이제 사십 대. 이때 모으지 못하고 배우지 못하면 더 이상 기회가 없다는 말은 즉, 사십 대가 제대로 배우고 제대로 모을 수 있는 마지막 기회라는 말과 같지 않은가.

나는 가슴이 뛰기 시작했다. 마흔이, 사십 대가 단단한 돈을 벌 수 있는 가장 좋은 시기라니! 나는 이제 희망이 없다고, 그야말로 이번 생은 글렀나보다 했는데, 이제부터가 진짜 시작이라니! 나는 마치 다시 스무 살이 된 듯, 지나간 시간이 다시 생긴 듯 설레기 시작했다.

나는 이 기쁜 사실을 남편에게도 빨리 알려주고 싶었다. 사업장 출근을 준비하던 남편을 불러서 노트북을 켜고 켈리 최 회장님의 인터뷰 영상을 함께 봤다. 그리고 김승호 회장님의 책을 보여주며 우리는 지금 인생에 있어서 가장 중요한 시기에 있다고, 지금 제로에서 시작하더라도 얼마든지 성공할 수 있고, 부자가 될 수 있다고 말하며 우리의 사십 대를 멋지게 만들어보자고 했다.

"인생에서 늦었다고 생각할 때가 바로 가장 빠른 시간이다."

- C.S. 루이스

언제나 시작이
가장 어렵다

나는 설렜다. 마흔이 끝이 아니라 시작하기 딱 좋을 때라니! 진정한 부를 쌓을 수 있는 내게 주어진 황금시간이라는 생각에 무엇이든 당장 시도하고 싶었다.

시도하겠다고 마음을 먹긴 했는데, 상황이 내 맘 같지 않았다. 이래서 안 되고 저래서 안 되는 이유가 너무나 많았다. 우선 비용이 문제였다. 책도 읽고 싶고 강의도 듣고 싶은데 역시나 돈이 문제였다. 돈이 없어서, 돈 벌기 위해 공부하려고 하니 돈이 필요했다. 참으로 아이러니하면서도 냉혹한 현실이었다.

책 사는 사람이 부러웠다

학창 시절 만화책도 안 보던 나였다. 만화책과 만화영화가 있다면 1초의 망설임도 없이 만화영화를 보던 사람이다. 초등학생 때는 방학 숙제였던 독후감 쓰기에 내가 왜 이 책을 읽고 독후감을 써야 하는지 이해할 수 없다는 내용으로 원고지를 채워서 낼 정도로 책을 싫어했다.

그런 내가 간절함에 책을 읽어 보고자 했다. 지금의 상황을 극복하고 더 나은 미래를 만들 수 있는 방법은 내가 변화하는 것뿐이라고 확신했기 때문이다. 그런데 생각지 못한 장애물을 만났다. 그것은 바로 책값이었다. 읽고 싶은 책은 산더미인데 몇 권만 잡아도 금방 10만 원이 넘었다. 책이 이렇게 비쌌던가? 저축액을 쪼개서 세 식구 살림을 꾸려야 하는 상황에 읽고 싶은 책을 모두 구매하는 것은 쉽지 않았다. 책 읽기는 누구나 할 수 있다고 생각했는데, 이것조차 허락되지 않는가 싶어 좌절감이 들었다.

나도 드디어 하고 싶은 게 생겼다며 신이 났는데, 돈 없으면 책도 못 읽는 현실이 한 번 더 나를 주저앉게 했다. SNS에 책을 샀다고 인증하는 피드가 올라오면 부러웠다. 책 읽으라고 강요하는 강사들을 보면 짜증이 났다. 100권, 500권, 1,000권 읽었다는 사람들의 책으로 가득 찬 책장이 나에게는 그냥 다 돈으로 보였다. 책 사기도 힘든 사람에게는 기회도 없는 것인지 화가 났다.

그때, 누군가 도서관을 이용하라고 알려줬다. 도서관? 맞다. 도서관이 있다. 평소 책이랑 멀었던지라 도서관이 있다는 것도 모르고 살았다. 나는 당장 집 근처 도서관을 찾아 보고 싶은 책들을 빌려보기 시작했다. 책에 줄을 치고 필기를 할 수 없으니, 노트에 필사를 하기 시작했다. 그러다 보니 자연스럽게 책의 중요 내용이 더욱 기억에 잘 남게 되었고 나만의 독서 노트까지 생기게 되었다. 도서관에서 책을 대여해 읽으면서, 정말 소장하고 싶은 책이 생기면 아껴둔 돈으로 한 권씩 구매했다.

첫 강의를 결제하기까지…

책을 읽다 보니 강의가 듣고 싶어졌다. 유튜브와 온라인에는 각종 무료 강의가 넘쳐났지만, 조각처럼 흩어진 무료 강의를 찾아 듣는 것은 나의 집중력을 흩트렸다. 나에게는 시간 또한 소중했기에 정해진 시간에 집중하여 배우는 것 또한 중요했다. 하지만, 강의료는 더욱 부담이었다. 책값도 부담인데, 강의는 어떻게 결제한단 말인가?

나는 강의 결제를 두고 수개월을 고민했다. 그렇게 6개월 이상을 버티고 버티다 큰 결심을 하고 첫 강의를 결제했다. 남편 사업을 돕기 위해 온라인 SNS 마케팅 수업을 결제했다. 당시 20만 원 상당의 강의를 6개월 할부로 결제했다. 큰맘 먹고 결제한 강의이기에 정말 열심히 배우고 실행했다. 비록 남편 비즈니스에 적용하는 데에 어려움은 있었지만, 나는 그 강의를 통해 소셜미디어 마케팅의 세계에 눈을 뜰 수 있게 되었다.

나는 그 후로 배움에 대한 투자를 멈추지 않았다. 강의료 그 이상의 가치를 발견했기 때문이다. 이제는 강의료가 내 지식과 경험을 넓히는 데에 드는 투자라는 사실을 깨달았다. 물론, 모든 강의가 내 기대를 완벽히 충족시키는 것은 아니었지만, 각각의 강의에서 배운 점들을 조합하고 응용하면서 나만의 전략을 개발할 수 있었다.

새벽 기상은 아무나 하나

성공하려면 새벽 기상, 미라클 모닝을 하라고 대다수가 강조하고 있었다. 평생을 올빼미형 인간으로 살던 나이지만, 성공할 수 있다면 뭐라도 해보고 싶었다. 새벽에 일어나보기로 마음은 먹었는데, 내가 처한 환경에서 어떻게 가능한지 도무지 방법이 생각나지 않았다. 남편과 아이, 세 식구가 함께 자는 침대에서 새벽에 알람을 울릴 자신이 없었다. 아이가 깨도 문제고, 남편의 수면을 방해해도 안 될 일이었다. 도대체 다들 어떻게 새벽에 일어나는지 신기할 뿐이었다. 아마도 아이가 많이 컸든가, 가족들 잠귀가 어둡든가, 각방을 쓰거나, 혼자 살거나 할 것으로 생각했다.

그러다 한번은 새벽에 일어나보기로 했다. 안방에서 도둑고양이처럼 몰래 나와 드디어 성공했나 싶었는데, 내가 자리를 비우자, 아이가 엥~ 하면서 바로 엄마를 찾는다. 나는 그렇게 새벽 기상을 내려놨다. 나처럼 어린아이를 키우는 엄마는 새벽기상도 사치인가 싶었다.

그런데 몇 개월 뒤, 아이가 조금씩 잠결에 나를 찾는 횟수가 줄어들기 시작했다. 나는 이때다 싶어 다시 한번 새벽 기상을 시도해보기로 했다. 얼마나 간절했는지 알람 없이도 새벽 4시에 자동으로 눈이 떠졌다. 감사하게도 그날 이후 새벽기상을 지속할 수 있었고 나만의 아침 루틴을 만들어갈 수 있게 되었다. 올빼미형의 새벽기상 도전은 성공적이었다. 신기하게도 내 몸은 그 어느 때보다도 건강하고 개운했다. 나의 새벽기상 후기에 대해서는 4장에서 더욱 깊게 다뤄보도록 하겠다.

가장 어려운 것은 시작하는 것이었다. 마음을 먹기까지도 쉬운 일이 아닌데, 마음을 먹었다고 해서 바로 시작할 수 있는 경우도 많지 않다. 돈이 없어서 시작조차 할 수 없었던 나의 상황은 단순히 재정적인 문제를 넘어서 내 꿈과 열망에 대한 시험과도 같았다. 특히나, 나처럼 어린아이를 키우고 있는 육아맘이라면 여러 가지 제약이 따르는 것은 사실이다. 거기에 여러 가지 돌발상황까지 생기게 되면 어렵게 먹은 마음마저 내려놓기 십상이다.

그럼에도 불구하고, 나는 시작해야 했다. 제약과 어려움 속에서도, 나는 용기를 내어 시작하기로 결심했다. 육아와 일상 속에서 나만의 시간을 만들어내기 위해 노력했고, 그렇게 조금씩 변화를 시작했다. 책을 읽고, 강의를 듣고, 새벽에 일어나는 작은 습관들은 나의 삶을 변화시키는 첫걸음이 되었다.

이 작은 시작들은 나에게 큰 깨달음을 줬다. 어려운 상황에서도 시작할 의지를 가진다면, 내 삶을 변화시킬 수 있다는 것을 깨달았다. 시작이 작고 미약해 보일지라도, 그것이 가져오는 변화는 결코 작지 않았다.

　이제 나는 더 큰 도전들에도 두려움 없이 첫걸음을 내딛게 되었다. 그 결과 스마트스토어를 개설하여 수익을 창출하고 있고, 더 큰 비즈니스를 위한 배움과 도전을 계속하고 있다. 게다가 지금 이렇게 책까지 쓰고 있지 않은가! 글쓰는 게 어려워 학위 논문까지 포기했던 내가 말이다!

　마흔이라는 나이 앞에서 무기력하게 주저앉을 뻔했지만, 그것은 새로운 시작을 위한 충분한 나이였다. '나는 이런 사람이다'라는 고정관념을 깨트리고, 책을 읽고, 강의를 듣고, 새벽기상에 도전했다, 나는 마치 스무 살로 돌아간 듯한 설렘을 느꼈다.

성공을 부르는 준비는
공부로부터!

"성공은 준비되어 있는 자에게 찾아오는 기회의 결과이다."

– 존 우든

데일 카네기는 인생에는 수많은 기회가 제공되지만, 준비되지 않은 사람들은 이를 인식하지 못하고 놓친다고 한다. 승리하는 사람들의 이야기에는 언제나 운이나 우연이 찾아왔다고 하지만, 실제로 이는 준비되지 않은 사람에게는 찾아오지 않는다고 말한다. 따라서 지속해서 준비하고 집중하는 것이 중요하며, 이를 통해 인생을 바꿀 기회를 잡을 수 있어야 한다고 한다.

또한, 에이브러햄 링컨은 "나는 계속 배우면서 갖추어 간다. 언젠가는 나에게도 기회가 올 것이다."라고 말했다. 이 역시 지속적인 학습과 준비가 결국 기회를 끌어들일 것임을 믿는 태도를 보여준다.

코로나 팬데믹으로 인한 주식과 부동산 시장의 대변혁은 '기회는 준비된 자에게 온다'는 말을 실감하게 했다. 코로나 이후 백만장자가 전 세계적으로 500만 명이나 탄생했다. 많은 사람이 경제적 어려움을 겪는 가운데, 일부 준비된 자들에게는 큰 부를 쌓을 수 있는 좋은 기회의 장이었던 셈이다.

준비된 자에게는 기회의 장이지만, 그렇지 않은 자에게는 고통의 장일 뿐이었다. 우리 가정이 그랬다. 남들은 종잣돈을 가지고 주식이니 부동산이니 투자하기 바쁜 와중에 나와 남편은 아무것도 할 수 없었다. 종잣돈은 이미 사업 투자에 쓰인 상태였고, 남은 돈은 사업 수익이 생길 때까지 생계를 위해 꼭 필요한 돈이었다. 그런 상황에서 섣불리 투자를 시도할 수 없었다. 하지만 더 큰 문제는 주식과 부동산에 대한 어떠한 지식도 없었다는 것이었다.

평소 '절대 주식은 하지 말라'는 부모님의 말씀에 따라, 주식은 쳐다보지도 않았다. 역시 '지금은 집 살 때가 아니다.'라는 부모님의 말씀에 집값이 얼마나 어떻게 오르고 내리는지 전혀 몰랐다. 아무것도 아는 것이 없으니, 아무것도 할 수 없었다. 그 와중에 남편은 지인의 정보만 믿고, 부모님 돈까지 끌어다 코인에 투자했다가 이천만 원이라는 돈을 다 날리고 말았다. 일찌감치 아파트 갭투자를 해두었던 옆 동 엄마는 큰 수익이 나서 기뻐했다. 나는 그때까지도 '갭투자'라는 개념 자체도 몰랐다. 그제야 깨달았다. 공부해야 함을. 그동안 애써

외면해 왔던 경제 공부가 필요함을 뼈저리게 깨달았다.

모든 준비의 시작은 공부이다. 배움 없이는 그 어떤 것도 준비할 수 없다. 그래서 나는 공부하기로 결심했다. 우리 가정의 경제 회복을 위한 나의 사명이 있었기에 도전해 보기로 했다.

마흔의 공부는 다르다

나는, 사실 공부에 질린 사람이었다. 그도 그럴 것이 십 대, 이십 대를 모두 공부에 바쳤다. 누구나 그렇듯, 초등학교부터 고등학교까지 나의 하루는 공부로 시작해서 공부로 끝났다. 초등학생 때에는 더 좋은 중학교를 가기 위한 공부, 중학생 때에는 더 좋은 고등학교를 가기 위한 공부였고, 고등학생 때에는 대학에 가기 위한 공부를 했다. 그렇게 대학에 들어갔고, 좋은 학점을 받기 위한 공부를 했다.

대학에 다니면서 전공학과에서 배울 수 없던 광고를 배우고 싶어 동아리 활동도 열심히 했다. 대학 졸업을 앞두고는 더 하고 싶은 공부가 생겨 유학을 결심했고, 유학을 위한 영어공부와 포트폴리오 제작에 매진했다. 미대를 나온 나는 유학을 가서는 코딩과 프로그래밍을 배우기 위해 석사과정 2년을 열심히 공부했다. 스물여덟 살에 석사를 마치고 한국에 돌아왔고, 스물아홉 살에 박사과정이 들어갔다.

나는 공부라면 진절머리가 났다. 박사과정 수료 이후 나는 그 어떤 공부도 하지 않았다. 그야말로 담을 쌓았다는 표현이 낫다. 사실 공부를 더 해야 한다는 필요성도 못 느꼈다. 왜냐하면 그야말로 공부만 해온 삶이었기 때문이다. 삼십 대가 되자 이제 징글징글한 공부는 그만하고 실전에 사용하고 싶었다. 그렇게 30대에는 그동안 공부한 지식으로 학생도 가르치고, 작품도 만들고, 전시도 하고, 취직도 했다. 내가 유학 가서 배워온 기술은 당시 국내에서 배우기 힘든 분야였다. 그랬기에 초반에는 나의 배움이 꽤 쓸모가 있었다.

하지만, 세상이 얼마나 빠르게 변화하는지, 유튜브가 빠르게 확산되면서 이제는 유학을 가지 않아도 유튜브만 켜면 뭐든지 배울 수 있는 시대가 되어버린 것이다. 점점 나보다 더 잘 알고, 빠르게 배우는 20대들이 치고 올라오기 시작했다. 그 사이에서 나는 해외에서 비싸게 따온 학벌로 내 자리를 근근이 지킬 수 있었다.

마흔이 되자, 이 모든 학벌과 스펙이 쓸모없다는 것을 깨달았다. 얼마나 공부를 잘했는지, 어느 학교를 나왔는지, 학위를 어디까지 받았는지, 어디서 일했는지는 아무짝에도 쓸모가 없다는 것을 깨달았다.

남편은 마흔에 직장을 떠나 사업을 시작했다. 남편은 세계 최고 명문 요리학교 중의 하나로 꼽히는 미국의 요리학교를 졸업하고, 미국 유명 호텔과 레스토랑에서 일했던 경력으로 국내 취업도 수월하게 진행됐다. 남편은 오랜 타지 생활에서 먹고 보고 배우고 경험한 것들을 토대로 좋은 성과를 냈고 인정도 받았다.

그러나 마흔에 회사를 나와 사업을 시작했을 땐 모든 것이 제로가 되었다. 처음엔 학벌과 스펙을 내세워 봤으나 글로벌 시대에 그 정도 스펙은 대단한 것도 아니었다. 게다가 10년 전 해외에서 배우고 경험했던 것들은 이제 구식이 되어버렸다. 그 어느 때보다도 빠르게 변하고 있는 세상에서 10년간 정체되어 있었던 셈이다.

마흔부터는 진짜 실력으로 증명해야 한다. 사십 대에 어느 학교 나왔다고 밝히는 사람 있는가? 오히려 좋은 학교 못 나왔다고 밝히기는 해도 잘 나왔다고 밝히는 경우는 드물다. 왜 그럴까? 학벌이 하나도 중요하지 않다는 걸 알기 때문이다. 우스갯소리로 돈 많으면 언니라 부르고, 돈 많으면 형님으로 모시는 것처럼 사십부터는 돈을 얼마나 잘 벌고 모으고 관리하느냐가 진짜 잘남의 척도가 되는 것 아닐까?

마흔에 실력이 있으려면 삼십 대에도 지속해서 공부해야 한다. 시험을 위한 공부, 자격증을 위한 공부가 아니라 진짜 인생에 필요한 공부를 해야 한다. 하지만, 우리나라 십 대, 이십 대를 겪어온 삼십 대 청년이라면 대부분 나와 내 남편과 다르지 않을 것이다. 그래서 우리는 사십 대에 공부해야 한다. 이제는 100세 시대도 넘어 120세 시대를 준비해야 한다고 한다. 120세 시대까지 잘 먹고 잘살기 위해서는 공부가 필수다. 그래야 남은 인생의 기적이 되어 줄 기회를 잡을 수 있는 준비를 할 수 있다.

"운은 준비가 기회를 만났을 때 생기는 것이다."

– 세네카

최고의 노후 준비는
돈 공부다

부자가 되고 싶다면 부자가 되는 방법을 배워야 한다. 당신은 무엇을 공부했는가? 자본주의에 살아남기 위한 공부를 시작한 사람이라면 반드시 읽고 넘어간다는 책《부자 아빠 가난한 아빠》를 인생의 위기를 맞이하고서야 알게 되었다. 그리고 나는 큰 충격에 빠지게 되었다.

책의 저자 로버트 기요사키는 말한다. 국가의 정규 교육 과정은 일꾼을 키우는 교육이라고. 공부 잘하고 좋은 회사 취직해서 열심히 일하면 부자가 될 수 있다는 희망을 심어주지만, 정작 은퇴 후 할 수 있는 것은 없고, 자산이라고 생각했던 내 집 한 채는 돈으로 회수할 수도 없는 생필품에 불과하다는 불편한 진실을 말해준다.

내가 사십 년간 갇혀 있던 세상이 부자 세상이 아닌, 가난한 세상이었다는 것을 알게 되었다. 기요사키는 자신의 가난한 아빠, 교육은 많이 받은 아버지에게는 직업의 안정성이 모든 것을 의미했고, 부자 아빠에게는 배움이 모든 것을 의미했다고 한다. 우리도 어릴 적부터 안정성 있는 직업을 갖는 것에 대해 얼마나 귀가 아프게 들어왔는가. 여전히 안정적인 직장에 들어가기 위해, 좋은 대학에 들어가야 하고, 그러기 위해선 초등학생, 아니 유치원 시절부터 공부를 달고 살지 않는가! 그런데 그것이 가난한 아빠의 세상이었다니!

다행히 희망은 있다. 기요사키는 우리의 두뇌는 쓰면 쓸수록 더욱 강력해지며, 그것이 강력해질수록 더욱 많은 돈을 벌 수 있다고 말한다. 그리고 우리 모두가 갖고 있는 가장 강력한 자산인 우리의 정신을 제대로만 훈련시킨다면 순식간에 엄청난 부를 만들어 낼 수 있다고 말한다. 그는 금융 지식을 배우고 금융 지능을 키워야 한다고 말한다. 금융 지능이란 회계와 투자, 마케팅, 그리고 법률 지식이 결합된 시너지 효과로, 이것이 있으면 돈으로 돈을 버는 일이 쉬워진다는 것이다.

그는 "무엇을 공부하느냐가 우리를 결정한다."며, 먼저 교육에 투자하라고 말한다. 그는 다시 한번, 우리가 지닌 유일한 진짜 자산은 우리의 정신이며, 정신은 우리가 지배할 수 있는 가장 강력한 도구라고 한다. 그리고 우리의 정신은 너무도 강력하여 머릿속에 넣는 대로 되기에 부자가 되기 위한 교육에 투자할 것을 강조하고 있다.

이 말은 즉, 내가 배운 것이 결국 나를 만든다는 것이다. 마흔이 되는 동안 나는 단 한 번도 돈이나 부자가 되는 법에 대해 배운 적이 없다. 학창 시절엔 시험을 잘 보기 위한 공부를 해왔고, 사실 그 공부 내용은 시험이 끝나면 다 잊어버렸다. 대학에서는 미술대학에서 작가 정신을 배웠다. 나는 예술 작가로 만들어지고 있었던 것이었다.

금융 지능을 키우자

나는 내 머릿속을 바꿔보기로 결심했다. 돈에 관해 공부해 보기로 했다. 나는 자본주의에 대해서 아무것도 몰랐고, 금융 문맹이었기에 마흔에 빈털터리가 되고 말았다. 나는 일단 자본주의에 관한 공부가 필요하다고 느꼈다. 자본주의에 대한 각종 다큐멘터리 영상과 책들을 찾아보기 시작했다. 그리고 주식과 부동산에 대해서도 공부하기 시작했다. 일단 베스트셀러부터 찾아 읽었다. 나는 모두 최근에 출간된 책인 줄 알았다. 그런데 10년 전부터 있던 책들도 있는 게 아닌가! 도대체 나는 그때 서점에서 뭘 본 것인가? 왜 나는 이 책들이 보이지 않았는가! 잠시 지나간 시간이 후회되기도 했지만, 지금이라도 알게 된 것이 참 다행이다 싶었다.

《부자 아빠 가난한 아빠》를 비롯한 여러 책은 나의 갇힌 사고를 깨주었다. 재테크라고 하면 뻔한 복리이자 계산법만 알려주는 줄 알았는데 전혀 아니었다. 나는 기초부터 시작했다. 자본주의의 탄생과 원리에 관해 공부하고 사고를 바꿔나가기 시작했다. 다행히도 유튜브를 비롯한 다양한 온라인 매체에서 관련 지식을 초보자인 나도 이해하기 쉽게 가르쳐주고 있었다. 주식과 부동산, 그리고 돈 버는 법에 대한 다양한 채널들을 구독하며 하루 종일 영상을 1.5배속으로 틀어 놓고, 마치 인공지능이 지식을 습득하듯 머릿속에 저장했다.

김승호 회장님이 주식을 모르면 〈삼프로TV〉라도 100일 동안 매일 들어보라는 말씀을 하신 적이 있다. 나는 그날부터 무슨 말인지 모르지만, 매일 아침 〈삼프로TV〉의 출근길 라이브 방송을 듣기 시작했다. 집중해서 필기하며 들은 것은 아니지만 대략 세계 경제가 어떻게 흘러가는지, 뉴스나 기사 내용이 주식 시장에서는 어떻게 반영되는지, 투자자들은 어떤 관점으로 보는지 등 전혀 몰랐던 시각에 대해 조금씩 알아갈 수 있었다.

이사를 앞두고 부동산 공부도 시작했다. 2021년, 부동산 시세가 하늘 무서운 줄 모르고 고공행진 중일 때, 전셋집을 빼야 했다. 집값도 배가 되고, 전셋값도 배가 된 시기였다. 부동산의 '부' 자도 모르던 나는 그야말로 멘붕이었고, 이대로 아무 생각 없이 있다가는 큰일 나겠다 싶어 부동산 공부도 시작했다. 유튜브로 실시간 업데이트되는 영상도 찾아보고, 책도 읽으며, 유료 강의도 결제했고 직접 소액 갭투자도 해봤다. 섣부른 판단으로 결과는 좋지 않지만, 많은 것을 배운 경험이었다.

마케팅과 세일즈를 배우자

투자를 하기 위한 종잣돈을 마련하기 위해서는 우선 돈을 벌어야 했다. 로버트 기요사키는 성공에 필요한 주요 관리 기술 중에서 가장 중요한 전문 기술로 세일즈와 마케팅을 꼽았다. 판매하고 소통하는 능력인 세일즈와 마케팅 능력은 성공에 직접적인 영향을 미친다고 했다.

그렇다. 모든 것은 세일즈와 마케팅이다. 내가 예술활동을 하면서도 가장 어려웠던 것이 세일즈와 마케팅이었다. 작품을 만들고 누군가 찾아주기만을 기다렸다. 나는 나를 홍보하는 것이 너무나 어려웠다. 그냥 작은 작업실에서 작품만 찍어내고 싶었다. 남편의 사업이 어려웠던 것도 결국은 세일즈와 마케팅이다. 돈 잘 버는 사람들을 보면 모두 세일즈와 마케팅의 귀재들이다. 이것을 못 하고 돈 번 사람을 본 적이 없다. 아무리 좋은 상품과 서비스가 있어도 마케팅을 하지 않고 세일즈를 하지 않으면 돈을 벌 수가 없다. 반면에 마케팅과 세일즈 능력이 있으면 세상 그 어떤 제품도 팔 수 있다.

나는 돈을 버는 능력을 키우기 위해 나의 마케팅과 세일즈 능력을 키우는 것에 투자하기로 했다. 그 결과 지금은 스마트스토어로 수익을 내고 있다. 스마트스토어 수익은 모두 마케팅 덕분이다. 절대 상품만 등록해 놓는다고 팔리지 않는다는 것을 이제는 안다. 마케팅과 세일즈 능력을 개발하고 실천함으로써, 단순한 소비자에서 창조자로, 관찰자에서 행동하는 사업가로 변모하는 중이다. 이제 나는 내 상품과 서비스를 적극적으로 홍보하고, 더 많은 사람에게 내가 가진 것을 제공할 수 있는 능력을 갖추게 되었다. 이것이 바로 세일즈와 마케팅의 힘, 그리고 지속적인 학습과 개발의 가치이다.

마케팅과 세일즈 기술만 있다면 언제 어디서, 무엇이든 팔 수 있다. 어떤 상황에서도 돈을 벌 수 있는 능력, 그리고 돈을 불리고 지킬 수 있는 금융 지능을 키우는 것, 이것이 진정한 노후 준비가 아닐까?

"교육은 노년을 위한 최고의 준비이다."

– 아리스토텔레스

나의 삶은
가장 소중한 자산이다

"경험은 모든 것의 스승이다."

– 줄리어스 시저

마흔에 아무것도 할 수 있는 게 없다고 느꼈을 때 나는 내가 살아온 시간이 모두 무의미하게 사라지는 듯했다. 한때 공부도 잘했고, 인기도 있었던, 열정적인 나는 온데간데없고 무표정의 무미건조한 육신만 남은 듯했다. 다 부질없구나 싶었다.

하지만, 공부를 시작하자 생각이 바뀌었다. 그동안 내가 살아온 시간과 경험이 있기에 지금 이렇게 고민하는 시간을 마주하게 된 것이다. 태어나서 마흔이 될 때까지, 잘살아 보겠다고 열심히 성장하고 배우고 세상과 부딪히면서 살아왔다. 사실, 그 모든 시간이 배움과 성장의 시간이라고 해도 과언이 아니다.

일반적으로 여자는 열네 살 전후, 남자는 그보다 2년 정도 늦게 키 성장이 멈춘다고 하지만, 그것은 키만 멈춘 것이지 우리 신체의 성장이 멈춘 것은 아니다. 그리고 실제로 키 성장이 멈춘다고도 단정 지을 수도 없다. 나 역시 중학생 때 키가 멈춘 줄 알았지만, 고등학생 때에도 느리긴 해도 조금씩 키가 자랐기 때문이다. 신체적 성장뿐 아니라, 이 시기는 배움에 집중된 시기인 것에 그 누구도 이견이 없을 것이다.

스무 살이 되면 성인이라고 한다. 하지만, 이십 대야말로 가장 중요한 뇌의 성장이 완성되는 시기이며, 세상을 경험하는 가장 중요한 배움과 성장의 시기이다. 전두엽은 우리 뇌에서 가장 중요한 부분으로, 기억력과 사고력 등 여러 가지 중요한 인기 지능에 핵심적인 역할을 한다. 그런데 이 전두엽 발달이 완성되는 시기가 대략 만 스물다섯살 정도로, 우리 나이 이십 대 후반까지 발달하고 있다는 것이다. 또한, 이십 대에는 초중고 의무교육이 아닌, 각자 전문적인 지식과 경험을 쌓는 배움의 시기이다. 취업한다고 해도 이 시기에는 배우는 것이 더 많은 시기임은 틀림없다.

삼십 대는 그야말로 지난 삼십 년간 성장하면서 배운 것들을 세상에서 테스트해보는 시간이다. 이때는 전두엽도 완성됐겠다 마치 내가 모든 것을 알고 있다고 느끼며 자신감도 충만해진다. 그리고 무엇보다도 가만히 있어도 인생에서 가장 많은 변화가 일어나는 시기이기도 하다. 취업, 연애, 결혼, 출산 등이 대부분 이 시기에 일어난다.

요즘은 결혼과 출산이 많이 줄었다고는 해도 여성이라면 더욱 해당 이슈와 관련해서 가장 많이 부딪히는 시기임에는 틀림없다. 삼십 대에는 본격적인 경제활동을 시작하는 시기이며, 돈도 조금씩 벌리기 시작한다. 그러면서 다양한 사회 활동과 여가 활동을 가장 적극적으로 하는 시기이기도 하다.

나 역시 그랬다. 신기하게도 이십 대 중반이 넘어서면서부터 내가 모든 걸 다 안다는 착각에 빠져 있었다. 사실, 그때는 그것이 착각인 줄도 모르고 살았다. 지금 생각해 보면 전두엽 완성 시기와 비슷하다. 나는 마치 내가 모든 걸 다 안다고 생각했고, 내 멋에 취해 나 잘났다고 살던 시절이 있었다. 어른들이 말해도 들리지도 않고, 낡은 생각이라고 무시했다. 지금 생각하면 참 귀엽다. 나는 그것이 잘못됐다고 생각하지 않는다. 그때는 그냥 그런 시기인 듯하다. 자기도취에 빠져 있는 이삼십 대이기에 무모하고 과감한 도전도 할 수 있는 것 아닐까. 또, 우리 모두가 그런 이삼십 대를 거치면서 사십 대가 되고 오육십 대가 되는 것 아닐까?

마흔을 불혹이라고 한다. 실제로 사전에 불혹이 나이 사십 세를 이르는 말이라고 적혀 있다. 불혹이란 세상일에 정신을 빼앗겨 갈팡질팡하거나 판단을 흐리는 일이 없게 되었음을 뜻한다. 이것은 공자가 사십 세에 이르러 직접 체험한 것으로 논어에 언급된 내용이라고 한다. 공자가 살던 시대의 마흔과 지금의 마흔은 여러모로 차이가

있긴 하지만, 마흔이 되고 보니 옛말에 틀린 것 없다는 말이 실감이
된다.

각자 삶의 형태도 다르고 경험한 것도 다르겠지만, 만 40년이라는
시간 동안 이 세상을 탐험하며 살아온 각자의 경험치들이 마흔 이후
의 선택에 이전과는 다른 현명함과 지혜의 힘을 줄 수 있다고 본다.
물론, 아무리 사십 대라도 발전 없이, 과거의 사고방식과 고정관념에
사로잡혀 있으면 꼰대 취급 받기 십상이다. 그렇게 되지 않기 위해서
는 겸손한 자세와 열린 마음으로 공부에 임해야 한다.

마흔이 되면, 내가 무엇이 부족한지 알아볼 수 있는 눈이 생긴다.
그래서 내게 필요한 공부를 선택해서 할 수 있다. 왜 해야 하는지도
모르는 억지 공부도 아니고, 시켜서 끌려다니며 하는 공부도 아니다.
시험 성적이 필요한 것도 아니고, 합격 불합격을 위한 공부도 아니
다. 정말 순수하게 하고 싶은 공부를 나의 의지로 선택해서 할 수 있
다. 어쩌면 그야말로 진짜 공부를 마흔에 시작하는 셈이기도 하다.

사십 대의 공부는 눈치를 볼 필요가 없다

어릴 때는 공부하는 데 눈치를 봐야 했다. 좋은 대학에 갈 수 있는
공부는 환영이지만, 대학과 상관없는 공부는 무시당한다. 돈이 많이
드는 공부도 가정형편이 뒷받침되어야 가능하다. 그렇게 부모님이
투자를 해주시면 또 그에 합당한 결과를 보여야 하기에 눈치는 계속

된다.

스무 살이 넘은 후에는 경제적 자립을 못 하면 역시나 눈치는 계속된다. 나 역시 원치도 않던 박사과정을 들어가게 된 이유가 여기에 있으니 말이다. 서른이 넘어 남자를 만나고 결혼을 했다. 부모님으로부터 벗어나 자유가 시작되나 했더니 여전히 눈치는 계속된다. 버는 돈 보다 쓰는 돈이 많으니 슬슬 남편이 눈치를 준다. 일단 취직부터 했다. 그러다 임신과 출산을 겪게 된다.

그런데 마흔이 되니 눈치 보지 않고, 당당해진다. 마흔이 되면 대부분 여성들의 임신과 출산, 육아도 어느 정도 마무리되는 시기이기도 하다. 나는 우리 나이 서른일곱 살에 아이를 낳았다. 한 3년 키우고 나니 여유가 생겼다. 요즘은 늦은 출산도 많은데, 딱 3년만 잘 키우면 엄마도 충분한 자기 시간을 가질 수 있는 요령이 생긴다. 애도 낳고 키웠겠다 이제 집에서 당당하게 내 소리를 낼 수 있다. 사십 넘어 뭘 한다는데 어린아이 말리듯이 누가 붙잡을 수도 없다. 붙잡는다고 해도 뿌리칠 수 있는 힘이 생긴다. 낯짝도 두꺼워지고 뻔뻔함도 늘어서 다양한 배움과 시도에도 적극적이다.

사실, 남편이 더 반길 수도 있다. 너도나도 사십 대, 같이 살아보니 빨리 정신 차리지 않으면 안 되겠다 싶어진다. 많은 사십 대 남편들이 불안해하고 있다. 요즘은 사십 대가 되면 은퇴 걱정을 안 할 수가 없다. 열심히 젊음을 바쳐 일하는데 생각만큼 부가 쌓이지는 않는다. 여전히 갚아야 할 대출금은 줄지를 않고, 아이의 교육비는 계속 늘어난다. 남편들은 아내를 슬슬 바라보기 시작한다. 주변 친구와 지인들도 그렇고, 나의 남편도 지금은 은근히 기대한다. 이때를 잘 활용해 보는 것도 좋다.

그래서 사십 대에 공부를 시작하면 너무 재밌다. 이런 세상이 있었는가 싶다. 공부를 하다 보면 꿈이 생기고 목표가 생긴다. 나도 한때 꿈과 목표가 확실했고, 꿈을 좇아 열심히 정신없이 살아왔는데, 어느새 꿈은 잊히고 목표는 멀어졌다.

나는 사람이 꿈과 목표가 없으면 영혼 없는 육체나 다름없음을 경험했다. 삶이 지루하고 재미가 없고 희망이 없다. 그러나 공부를 시작하면서 조금씩 희망이 생기고 용기가 생기고 이루고 싶은 꿈과 목표가 생기기 시작하니 다시 심장이 뛰기 시작했다. 내 영혼에 빛이 들기 시작했다.

내가 이삼십 대에 경험했던 크고 작은 모든 성공과 실패는 내게 아주 소중한 자산이 되었다. 나만의 인생 데이터가 생긴 것이다. 이것만으로도 사십 대는 유리하다. 이삼십 대는 이런 데이터가 없다. 그래서 이리저리 부딪히면서 자신의 데이터를 쌓아나가는 시기다. 그래서 실수도 많이 하고 실패도 많이 하는 것이 당연하다. 40년이라는 시간 동안 성공만 경험하는 사람은 절대 없다. 일단 태어나서 기고 걸을 때부터 실패는 필수다. 인간은 누구나 결핍이 있음을 인정하

자. 아무리 좋은 환경에서 태어났다고 해도 각자의 사연이 있다. 그 결핍을 알아차리고 극복할 때 비로소 성공에 한 걸음 나아갈 수 있는 것이다.

내가 만약, 가정 경제와 그로 인한 부부 관계에 위기가 왔을 때 그 상황에 그냥 매몰되어 있도록 나를 두었다면, 과연 지금의 내가 있었을까? 아니! 나는 절대 아니라고 확신한다. 그 결핍의 상황을 인지하고 극복하고자 노력했기에 지금의 내가 있다고 확신한다.

속도보다는
방향이 중요하다

올바른 방향이라면 조금 느려도 괜찮다.

"성공은 목적지가 아니라 방향이다."

– 칼 로저스

마흔에 새로운 공부를 하고 도전한다는 것은, 자칫 조급함을 나을 수 있다. 내가 남들보다 뒤처져 있다는 생각에 빠르게 성과를 내고 싶어진다. 마음이 조급해지면 중심을 잡기가 힘들고, 남의 말에 쉽게 휘둘리게 되며 불안감도 함께 커진다. 그렇게 되면 잘 되려던 일도 그르치게 된다. 내가 나의 조급함의 함정에 빠져 풍요롭고 행복한 삶 으로의 방향이 아닌, 불안하고 스트레스 가득한 삶의 방향으로 가고 있는 것이다.

중요한 것은 방향이다. 내가 돈을 벌고 부자가 되고 싶은 것의 궁극적인 목적은 행복이다. 나와 내 가족의 행복이다. 미국의 심리학자 칼 로저스는 "성공은 목적지가 아니라 방향이다."라고 말했다. 그렇다면 목적지는 어디일까? 나는 그것이 행복한 삶이라고 생각한다. 나와 나의 사랑하는 가족 모두가 정신적 신체적으로 온전히 건강하고, 서로 사랑하며 넘치는 풍요 속에서 행복한 삶. 그것이 나의 목적지이다.

기대 수명 120세, 150세를 논하는 시대이다. 우리 나이 이제 마흔이다. 《마흔 수업》의 저자 김미경 선생님은 마흔을 인생 시계로 두고 보았을 때 이제 겨우 오전이라고 말한다. 100세 시대를 기준으로 24시간이라는 인생 시계에 대입해 보면 마흔은 아직 오전 9시 36분 정도밖에 안 된다고 한다. 그런데 만약 120세, 150세 시대라면? 마흔은 출근 시간도 안 된 것이다. 그러니 마흔이라는 나이에 조급함을 가지지 않아도 된다.

나 역시 마흔이면 모든 것이 완벽할 줄 알았다. 특히, 경제적으로는 가장 안정적일 줄 알았으나, 현실은 엉망이었다. 이제는 인생이 끝이라고 생각했지만, 생각을 바꾸고, 독서와 공부를 시작하니 절대 늦은 나이가 아니라는 확신이 들었다. 오히려 지금이 진정한 시작을 해야 하는 때라는 확신이 들었다. 인생 시계로 따지면 이제 겨우 오전 아닌가! 여기서 멈추면 앞으로 100세, 120세, 150세 인생을 어떻게 살아갈 수 있겠는가?

마흔은 절대 늦지 않았다. 그러니 조급해하지 말자. 만약 당신이 삼십 대 후반이라면, 다가오는 마흔이 굉장히 부담스럽게 느껴질 것이다. 마흔이 되기까지 남은 시간 동안 큰 성과를 이루고 싶을 것이다.

내 목적지로 가는 방향에는 부와 성공이 있다. 그 길이 평평할 수도 있고, 구불구불할 수도 있고, 울퉁불퉁할 수도 있다. 하지만 나는 묵묵히 갈 것이다. 방향을 잘 잡고 가다 보면 원하는 목적지에 다다를 것은 틀림없기 때문이다. 속도는 빠를 때도 있을 것이고, 느릴 때도 있을 것이고, 어쩔 수 없이 정체되어야 할 때도 있을 것이다. 그럼에도 불구하고 나는 꾸준히 나아갈 것이다. 그것이 항상 가장 빠른 길이기도 하기 때문이다.

엄마로서, 아내로서 해야 할 역할도 함께 하다 보면 내 마음대로 치고 나갈 수 없을 때가 자주 있다. 아이들은 신기하게 엄마가 뭘 하려고 마음먹으면 꼭 아프다. 내일부터 책을 읽어야지! 이번 주부터는 그 동안 배운 것을 실천해야지! 그러면 다음 날 혹은 며칠 뒤 아이가 감기에 걸리거나 각종 전염병에 걸려 온다. 이건 나뿐만 아니라, 함께 공부하고 성장하는 엄마들에게서도 공통적으로 일어나는 신기한 현상이다. 그 이유는 알 수 없으나 마치 우주가 나를 시험하는 듯한 느낌까지 든다.

어린아이를 키우는 엄마에게, 이러한 상황은 언제든지 일어날 수 있는 당연한 상황이다. 보통 아이의 증상은 고열로 시작되는데 그러면 최소 3~4일에서 길게는 일주일을 함께 지내야 한다. 나는 지난 가을에 아이가 독감에 두 번이나 걸렸다. 한 번 걸릴 때마다 일주일 간 가정 보육을 해야 했다. 독감 B형에 걸리고 얼마 뒤 바로 독감 A형에 걸려서 거의 2주를 집에서 아이와 보냈다. 거기에 나까지 감기에 걸리면서 많은 계획에 차질이 생겼다.

그렇지만 나는 불안하거나 조급하지 않았다. 내가 지금 하는 일들은 모두 나와 내 가족의 행복을 위한 것이기에, 아이가 아프다면 잠시 접어두고 천천히 가는 것이 당연하기 때문이다. 1~2주 멈춰 가면 어떠한가, 아파서 조금 쉬어가면 어떠한가? 중요한 건 방향이고 내가 멈추지 않는 것이다. 물론, 아이와 일주일 내내 함께 있는 건 쉬운 일은 아니다. 하지만, 내가 해야 할 일을 못함으로 오는 스트레스나 짜증은 생기지 않는다.

아이가 대여섯 살이 되면 그래도 혼자 놀 줄도 알아서 적당히 시간 분배를 하고 있다. 대신, 이 기간에는 가장 중요한 나만의 루틴을 완료하는 데에 의의를 둔다. 이 루틴은 내가 가야 할 방향과 목적지를 잊지 않게 해주는 가장 중요한 것들이기에 나는 그것을 수행하는 것만으로도 충분하다고 생각하기 때문이다.

핵심 루틴들만 잘 지켜도 아이가 다시 어린이집에 간 뒤에, 자연스럽게 하던 일을 이어갈 수 있다. 나는 그렇게 지금껏 모든 일들을 하나씩 하나씩 해오고 있다. 2022년 여름은 나의 첫 번째 스마트스토어 상품의 상세 페이지 작업을 하고 있을 때였다. 내 제품은 의료기기였기에 상세페이지를 만들고, 의료기기 광고 심의까지 받아야 했기에 다른 상품들보다 준비 기간이 길었다.

그런데 하필, 그 시기에 아이가 수족구에 걸린 것이다. 일주일간 거의 아무 일도 못 했다. 아이가 낫고 잠시 일을 좀 하나 싶었는데, 얼마 지나지 않아 이번엔 장염에 걸려 입원까지 하게 되었다. 아이가 아프지 않았다면 한 달 이내에 끝났을 절차가 거의 2~3개월이나 밀리게 되었다.

나 역시 처음엔 계속해서 지체되는 일정에 불안하기도 하고 초조하기도 했다. 하지만, 아픈 아이를 돌보는 건 엄마로서 당연한 일이며, 나처럼 어린아이를 키우는 엄마라면 누구나 같은 조건일 것이라는 생각을 하니 불안감을 달랠 수 있었다. 그리고 오히려 아이가 입원 중일 때는 집안일도 없고 아이 상태 체크도 병원에서 다 해주니, 아이와 놀 때도 시간이 여유롭고, 잠든 후 노트북을 켜고 일할 때도 피로감이 덜해서 오히려 퇴원하기가 싫기도 했다.

우리는 내가 통제할 수 있는 것과, 없는 것을 구별하여 대처할 줄 알아야 한다. 아이가 아픈 건 내가 통제할 수가 없다. 예방에 최선을 다할 수는 있지만, 일단 걸리고 나면 그때부터는 잘 돌봐주는 것이 내가 해야 할 역할이다. 이때 아이를 통제하려고 하면 안 된다. 언제

나 통제 가능한 것은 나 자신이다. 나의 할 일과 업무로 통제하면 된다. 꼭 필요한 일을 해야 할 시간에는 아이가 혼자 놀 수 있도록 준비를 해주면 된다. 낮잠을 자게 되면, 그 시간을 활용하면 된다.

내가 이 책을 쓰고 있는 기간에도 아이가 아파 가정 보육을 했다. 바로 위에서 말했던 독감에 연달아 걸린 시즌이다. 하지만, 그로 인한 스트레스나 불안감은 전혀 느끼지 않고 있다. 왜냐하면 가던 길에 잠시 쉬어갈 뿐이기 때문이다. 중요한 것은 방향이기 때문이다. 그리고 그렇게 계속 나아가다 보면 결국 하나씩 이루어갈 것이 분명하기 때문이다.

사실, 가장 중요한 것은 목표이다. 그 목표가 확실하면 어떤 상황에서도 방향을 잃지 않을 수 있다. 목표가 없는 속도는 방향 없는 움직임이나 마찬가지다. 목표가 확실치 않으면 하루를 아무리 바쁘게 살았다 해도 제자리이며, 시간이 지난 후에는 오히려 허무하기까지 하다. 하지만, 목표가 확실하면 천천히 가더라도 한 발짝 전진해 있는 것이다. 그러므로 지금 내가 어디에 서 있느냐는 크게 중요치 않다. 정확히 어느 방향으로 가고 있는지가 가장 중요한 것이다.

"이 세상에서 가장 위대한 것은 당신이 어디에 서 있느냐가 아니라 어떤 방향으로 나아가고 있는가이다."

– 올리버 웬델 홈즈

가장 중요한 것은
나의 생각이다

"If you can dream it, you can do it."

– 월트 디즈니

당신이 꿈꿀 수 있다면, 당신은 이룰 수 있다. 이 메시지는 우리의 생각이 얼마나 강력한지를 말해주고 있다. 나는 사실 이 명언을 이십 대 초반에 알게 되었고, 그로부터 거의 10년간 나의 좌우명으로 삼아 왔던 말이다. 당시 나의 노트북 겉면에 해당 문구를 스티커로 만들어 붙이고 다녔을 정도니 말이다.

그때의 나는 이 메시지를 창작자의 관점으로만 받아들였다. 실제로 월트 디즈니가 그의 꿈과 같은 세상을 만들어 낸 것을 보고 나는 감탄하지 않을 수 없었기 때문이다. 이 메시지는 오랫동안 예술 활동을 하는 나의 마음속에 품어 있었다. 또한, 실제로 내가 작품 활동을 하는 데에 있어 가장 기초가 되고 핵심이 되는 메시지였다. 그러다 어느 순간 잊고 있던 이 메시지를 마흔이 되어서 더 큰 의미로 이해할 수 있게 되었다.

그것은 바로 나폴레온 힐의 《생각하라, 그리고 부자가 되어라》는 책을 읽고 난 후였다. 이 책은 성공철학 역사상 가장 많은 사람을 변화시킨 걸작으로 알려져 있다. 이 책의 핵심은 그야말로 제목에 다 담겨 있다. 생각하면 부자가 될 수 있다는 것이다. 그야말로 생각이 가장 중요하다는 것이다. 나는 책을 읽고, 이 메시지가 월트 디즈니의 메시지와 완전히 일치함을 알아차렸다. 월트 디즈니가 남긴 말은, 내가 이해했던 창작의 세계에 그치는 것이 아닌, 더 큰 세상을 말한 것임을 말이다!

이처럼, 같은 메시지도 내가 아는 만큼 그 의미를 받아들일 수 있는 것이다. 오랫동안 내 마음속에 자리 잡고 있던 이 메시지가 마흔이 되어서야 진정한 의미로 다시 자리 잡을 수 있게 되었다. 이것은 그냥 나이를 먹어 마흔이 되었다고 알 수 있는 것이 아니라 내가 책을 읽었기에 가능했다. 그래서 우리는 다시 한번 책을 읽고, 공부를 해야 한다. '아는 만큼 보인다'라는 것은 만고의 진리이다.

나폴레온 힐은 우리의 생각으로 얼마든지 부자가 될 수 있다고 말한다. 끌어당김의 법칙으로 유명한 책 《시크릿》도 같은 맥락이다. 그렇다면 우리는 그냥 생각만 하면 무엇이든지 이룰 수 있는 것인가?

아쉽게도 그렇지 않다고 한다. 그 생각에는 기본 전제 조건이 있다. 바로 내가 진정으로 원하는 것이어야 한다는 것이다. 단순히 원하는 것을 넘어서 이미 그것을 내가 가졌다고 확신해야 한다는 것이 모든 끌어당김의 핵심이다. 이 개념은 자기 계발과 동기부여 분야의 책과 영상에서 수없이 언급되고 있다. 사실 넘쳐난다고 해도 과언이 아니다. 너도나도 말하고 있는데, 눈으로 확인할 길이 없으니 종종 사이비 종교로 오해받기도 한다.

이것을 믿고 말고는 당신의 자유다. 하지만 나는 한번 믿어보기로 했다. 내게 처음 도전의 용기를 준 켈리 회장님도 같은 말씀을 했고 그 외 내가 읽은 많은 책에서도 비슷한 얘기를 하고 있기 때문이다. 그렇다면 한번 믿어보지 않을 이유가 없다고 생각했다. 따지고 보면 큰돈이나 시간이 드는 것도 아니기에 밑져야 본전이고, 잃을 것도 없으니 한번 해볼 만하지 않은가 말이다. 거기에 이미 나는 과거의 예술 활동을 통해 월트 디즈니가 말했던 상상한 것은 모두 이룰 수 있음을 몸소 체험했기에 이번에는 작품이 아닌 내 인생의 부와 성공에 초점을 맞춰보고자 했다.

중요한 것은 내가 진정으로 원하는 것이어야 한다. 지금 머릿속에 떠오르는 목표가 내가 진정으로 이루고 싶은 목표인가? 그리고 그 목표에 진심으로 가슴이 떨리는가? 만약 가슴 떨리지 않는다면 그것은 진정 내가 원하는 것이 아닐 수 있다. 남이 원하는 것 혹은 남들이 좋다고 하는 것일 수 있다.

예를 들면, 남들이 다 백억 부자가 되고 싶다고 하니, 나도 백억 부자를 목표로 한다는 것이다. 돈의 액수가 커지면 커질수록 가슴 떨리고 설렐 것 같지만 막상 상상해 보면 그렇지도 않다. 각자 사람마다 원하는 돈의 액수가 다르기 때문이다. 누군가는 100억으로 설렐 수 있지만, 누군가는 부족하다고 느낄 수도 있다. 또, 누군가는 1조를 목표로 잡고 설레지만, 누군가는 부담스럽다고 느낄 수 있다.

나는 누구나 큰 부자가 될 수 있다는 말을 듣고 가슴이 뛰지 않을 수 없었다. 그리고 부자가 되는 것을 꿈으로 가질 수 있다는 사실에 알 수 없는 해방감을 느꼈다.

유튜브 알고리즘이 내게 띄워 준 켈리 최 회장님의 인터뷰 영상에서 또 한 번 큰 희망을 품게 되었다. 그녀는 "진짜 부자 중에 착한 사람이 더 많아요."라고 말하며 우리가 가지고 있는 부자에 대한 부정적인 인식부터 바꿔야 한다고 말해주었다. 나와 남편은 진지하게 고민했다. 돈을 벌기 위해서는 정말 나쁜 사람이 되어야만 하는지 말이다. 하지만 그러지 않아도 된다니, 아니 오히려 착하고 정직한 사람이 더 돈을 잘 벌 수 있다니 얼마나 희망적인가!

생각은 행동을 만들고, 행동은 습관을 만들고, 습관은 인생을 만든다는 말이 있다. 이 말은 결국 생각이 내 인생을 만든다는 것이다.

나의 지금은 어떠한가? 지금 나의 모습은 내 생각으로 만들어진 모습이다. 만약 그 모습이 내가 생각하는 이상적인 모습이 아니라면 그 근원인 내 생각을 잘 들여다봐야 할 것이다.

나는 만족스럽지 않았다. 경제적으로도 불안했고, 남편과 사이도 좋지 않았다. 육아와 집안일은 힘들고 지치기만 했고, 우리나라의 환경, 경제, 정치 및 각종 사회 문제 등에 대한 불평불만으로 가득 차 있었다. 하고 싶은 것이라고는 해외 휴양지에서 혼자서 원 없이 쉬는 것뿐이었다. 나는 이 모든 불만족스러운 상황이 내 생각으로부터 시작되어 만들어진 나의 인생임을 받아들이기로 했다. 그리고 내 인생을 바꾸기 위해 내 생각을 바꾸기로 마음먹었다.

생각 바꾸기의 시작은 열린 마음

생각은 누구나 할 수 있지만, 어떤 생각을 하느냐는 내가 얼마만큼 아는가에 달려 있다. 우리의 생각은 그동안 학습되어 온 것을 바탕으로 프로그래밍 된 결과이다. 사십 년간 반복 학습되며 굳어진 생각을 바꾸기 위해서는 열린 마음을 가지고 공부해야 한다. 그것이 가장 빠른 길이다.

나는 독서와 공부를 통해서 그 고정관념들을 빠르게 깰 수 있었다. 마흔은 전혀 늦지 않았다는 것, 지금이라도 누구나 부자가 될 수 있다는 것, 부자는 나쁜 사람이 아니라는 것, 상상하면 이루어진다는 것, 부자를 꿈으로 두어도 된다는 것 등. 그전에는 알지 못했고 그랬기에 감히 생각할 수 없었던 것들을 지금은 마음 편히 생각하고 즐길 수 있게 되었다.

나는 마흔이 되어서야 '생각이 현실을 만든다'는 깊은 이해를 얻었다. 많은 성공한 사람들의 책과 영상을 통해, 내가 진정으로 원하는 것을 상상하고 그것을 확신하는 것이 성공의 열쇠임을 깨달았다. 이제 나는 내 삶의 주인공으로서, 내 꿈과 목표를 향해 자신감을 가지고 나아가고 있다. 이전과는 전혀 다른 삶을 살고 있다.

나는 지금 그 어느 때보다도 행복하고 에너지가 넘친다. 이 모든 것은 생각의 차이에서 시작되었다. 다시 한번, 마흔이라는 나이는 새로운 시작을 위한 완벽한 시기이며, 내 생각과 행동이 나의 현실을 만든다는 것을 명심하자. 그리고 매일 나의 목표를 향해 한 걸음씩 나아가자.

마흔,
나는 나를 리셋했다

리셋Reset : 장치의 일부 또는 시스템 전체를 미리 정해진 상태로 되돌리는 것. 시스템의 일부가 과열 현상을 일으키거나 노이즈 등에 의해 동작이 이상하게 되었을 때는 리셋버튼을 누름으로써 같은 상태로 되돌려 놓을 수 있다. 리셋에는 주변 기기만을 리셋할 수 있는 것과 시스템 전체를 리셋해 버릴 수 있는 두 종류가 있다.

-〈컴퓨터인터넷IT용어대사전〉

나는 내가 원하는 모습을 이루기 위해 큰 결심을 했다. 그것은 바로 나를 초기 상태로 리셋시키는 것이었다. 무엇이든 시도할 수 있고, 무엇이든 될 수 있고, 무엇이든 이룰 수 있는 백지와 같은 상태로 나를 리셋하기로 했다. 그 이유는, 새로운 꿈과 목표가 생겼고, 그것을 현실화하기 위해 독서와 공부를 시작했지만, 어딘가 한계가 있다고 느꼈다. 그것은 바로 나 자신이었다. 사십 년이라는 세월 동안 내 안에 프로그래밍 된 생각과 행동, 습관, 그리고 그동안 쌓아온 나의 역사들이 나의 도전과 성장에 방해물이 되었다.

내가 나를 규정짓는 '나는 이런 사람이야'라는 제한된 신념에서 부터, 나의 학벌, 경력, 스펙 등 모든 배경을 포함한 것이었다. 나의 좋은 점, 부족한 점, 나쁜 점, 잘하는 것, 못하는 것, 이러한 모든 것들은 내 생각을 가두었다.

예를 들어, 앞으로 내가 무엇으로 돈을 벌 수 있을까를 생각해보자. 우리는 보통 내가 그동안 해왔던 일, 그리고 내가 할 수 있는 것들을 먼저 생각한다. 나 역시 그랬다. 나의 경우는, 각종 미술 관련 활동, 디자인 관련 업무, 코딩과 프로그래밍 등이 내가 할 줄 아는 것들이었고 이것으로 어떻게 돈을 벌까라고 생각했을 땐, 이 기술들을 결합한 교육사업 정도가 떠오르는 아이디어의 전부였다. 하지만, 아무리 생각해도 내가 하고 싶은 일이 아닌 오히려 하기 싫은 일이었다.

나는 또한 내가 어느 학교를 나왔는지, 전공이 무엇이었는지, 학위를 어디까지 받았는지와 같은 나의 스펙이 나도 모르게 내 발목을 잡고 있음을 느꼈다. 나는 나의 학력이나 전공과는 전혀 다른 일을 도전해 보고 싶은데 어딘가에서 이런 소리가 들리는 것이 느껴졌다. '뉴욕까지 유학 다녀와서 뭐 하는 거야?', '박사과정까지 갔다면서 교수 안 하고 지금 뭐 해?', '좋은 대학 나왔는데 별거 없네~', '이 정도 학벌에 여기 지원하는 건 좀 부끄럽지 않니?' 이런 소리들 말이다. 부모님 눈치, 주변 사람들 눈치, 그리고 보이지 않는 내면의 눈치를 보고 있었던 것이다. 내 안에서 우월감과 열등감이 서로 뒤범벅되어 있었다.

비우기 시각화

세상에 재료는 무한하게 널려 있는데, 나는 내가 가진 몇 가지의 재료만 가지고 조합하려고 애쓰고 있었다. 그러니 사고의 확장이 되지 않고, 그 안에서 치고받고 하면서 나의 한계를 느끼며 무기력과 좌절감이 오곤 했다. 켈리 최 회장님은 저서 《웰씽킹》에서 시각화에 대해 강조한다.

시각화 중에 '비우기 시각화'라는 것이 있는데 이것이 바로 내가 말하는 '리셋'과 맞닿아 있다. 비우기 시각화에서는 현재의 내가 죽었다 다시 살아나는 것을 경험한다.

다시 살아날 때는 갓 태어난 아기와 같이 맑고 순수한 무한한 가능성을 지닌 새로운 나로 태어난다. 상상이 되는가. 무엇이든 될 수 있고 무엇이든 할 수 있는 무한한 가능성을 지닌 나의 모습이. 나는 그 순간 내가 우주가 되는 듯한 느낌이었다.

나는 나의 좋은 것들, 나쁜 것들 모두 리셋하고 다시 시작하기로 했다. 그것이 훨씬 쉽고 빠르겠다 싶었다. 그게 되겠어? 싶겠지만 신기하게도 된다. 내가 마음먹으면 된다. 당신도 지워보라. 나의 열등감, 패배 의식, 우월감 등을 모두 리셋해서 깨끗한 상태로 만들어보자. 머릿속으로 커다란 빨간색 버튼을 상상해 보자. 그리고 그 버튼 위에는 'RESET'이라고 적혀 있다고 상상하자. 자 이제 이 버튼을 누르면, 당신은 아기처럼 순수한 상태, 무엇이든 할 수 있고, 무엇이든 될 수 있는 무한의 가능성을 지닌 백지의 상태로 리셋되는 것이다. 자, 시작해 보자. 하나, 둘, 셋, 리셋!!

이제 그동안 당신을 둘러싸고 있던, 나를 감싸고 있던 모든 껍데기들이 모두 사라졌다. 어떤가? 몸이 가벼워지고 마음이 산뜻해지지 않은가? 물론 리셋버튼 한번 눌렀다고 한순간에 모든 근심 걱정이 사라지고, 고민이 해결되는 것은 아니다. 하지만, 내가 나를 리셋하기로 결심했다는 것이 중요하다. 그 결심부터 시작하는 것이다. 나는 나를 완전히 리셋하는 데 1년의 시간이 걸렸다. 과거의 나에게 사로잡히려 할 때마다 내가 나를 리셋했음을 반복해서 되뇌었다. 나는 무엇이든 할 수 있고, 무엇이든 될 수 있고, 무엇이든 이룰 수 있다고 반복했다. 그렇게 매일매일 나를 리셋했다.

물론, 나의 과거에는 좋고 기쁘고 행복하고 자랑스러운 순간들도 많이 있다. 하지만 그 기억들이 지금의 나와 비교가 되면서 오히려 나를 힘들게 하고 있었다. '예전에는 잘했는데 지금은 왜 이 모양이야?', '대체 뭐가 문제인 거야?', '어쩌다 이렇게 된 거야?' 하면서 나 자신을 탓하거나 '이게 다 ○○ 때문이야'라며 환경이나 남 탓을 하게 만들었다.

또한, 과거의 좋은 성과들은 계속해서 비교 대상이 되었다. '예전에 해냈으니, 이번에도 해내야 하지 않겠어? 못 하면 부끄럽고 쪽팔린 거야. 어디 가서 명함도 못 내밀어. 조심해. 똑바로 해라.' 같은 내면의 압박이 나를 조여왔다. 이것들은 더 나은 삶을 위한 새로운 시도를 함에 있어서 하나도 도움이 되지 않았다. 그러니 모두 지워야 했다. 혹시 당신도 그렇지 않은가? 그렇다면 나처럼 과감히 리셋해보자.

나의 좋았던 기억과 크고 작은 성공 기억들은 없어지는 게 아니다. 리셋 후 내가 나로서 온전해지는 과정에서 다시 긍정의 에너지로 돌아오게 된다. 이것들은 나에게 자신감을 주고, 용기를 주고, 든든한 서포터로서 역할을 해준다. 그러니 아까워하지 말고 미련 없이 리셋해보기 바란다.

버리는 것과 집중해야 하는 것

리셋을 한다고 해서 내가 처한 환경이나 주변 사람들까지 리셋되는 것은 아니다. 특히나 결혼하고 아이를 키우고 있는 엄마라면 더욱 더 어려운 것이 사실이다. 일부 환경이나 몇몇 사람들은 내 의지로 바꿀 수 있겠지만, 내가 지금 살고 있는 집, 함께 사는 가족, 그리고 여러 환경적 요소들은 내 의지로 당장 어떻게 할 수 없는 것들이다. 그럼 어떻게 해야 할까?

우선, 내가 할 수 있는 것과 할 수 없는 것을 구별해내야 한다. 그리고 내가 할 수 없는 것들은 그대로 받아들이고, 내가 할 수 있는 것들에 집중해야 한다. 내가 할 수 있는 것들을 통해, 현재 상황에서 어떻게 가능하게 할 것인가를 찾아내야 한다. 내가 마음대로 컨트롤할 수 있는 것 중에 가장 쉬운 것은 바로 내 생각이다. 내 생각은 그야말로 누구도 건드릴 수 없는 영역이다.

우리 뇌의 저장공간은 무한하다. 내가 가진 세상에서 가장 똑똑하고 큰 울트라 슈퍼컴퓨터의 저장공간을 리셋을 통해 제로로 만든 것이다. 그리고 지금부터는 내가 필요한 것들로만 채워보자. 내가 듣고 싶은 말, 내가 알고 싶은 것, 내가 보고 싶은 것들로 채워보자. 우리는 우리가 보고 듣고 배우고 경험한 것들을 기반으로 생각하고 행동한다. "생각은 행동을 만들고, 행동은 습관을 만들고, 습관은 인생을 만든다."라는 말이 있지 않은가. 이 말은 결국 생각이 나를 만든다는 말이고, 생각이 얼마나 중요한지를 알려주는 말이다.

그러니 우리는 이 생각을 내가 원하는 방향으로 뻗어나가도록 훈련시켜야 한다. 앞에서 나는 내 생각이야말로 그 누구도 건드릴 수 없는 영역이라고 했다. 그렇다. 생각을 하는 것은 내 자유다. 그런데, 내 뇌에 무엇이 들어 있느냐에 따라 내 생각이 생성된다. 그동안 당신의 머릿속에 떠오른 생각들을 나열해 보자. 과연 그 생각들은 어디에서 왔는지 하나하나 짚어보자. 놀랍게도 그 생각의 근거들은 우리의 부모님, 선생님, 학교, 사회, 책, 영상 등 살면서 접하게 된 모든 것일 것이다. 그렇다면, 리셋한 나의 뇌에 내가 원하는 것들로만 채워 넣는다면 어떻게 될까?

나의 뇌에 내가 원하는 것들을 제대로 채워넣기를 위해서는 내가 되고자 하는 모습, 원하는 삶의 모습을 정확히 세팅하는 것이 중요하다. 그래야 그것을 이루는 재료들을 찾아 넣지 않겠는가?

나는 부자가 되기로 결심했다. 그리고 내 머릿속에 최종 목적지로 입력했다.

TIP

🔍 　　　　　　　　　　　마흔에 공부를 시작하는 요령

❶ 책을 읽자.

책으로 시행착오를 줄이고, 시간을 벌자. 책 구입이 부담스럽다면 도서관을 이용하는 방법도 있다.

❷ 강의를 결제하자.

세상에 공짜는 없다. 정작 중요한 지식은 그만큼의 대가를 지불해야 한다. 배움에 투자를 아끼지 말자.

❸ 새벽 기상을 하자.

사람마다 집중력이 높은 시간이 다르다고 하지만, 주변의 방해로부터 가장 자유로운 시간은 새벽이다. 물론 충분한 수면 시간을 확보하는 것부터 선행돼야 한다.

❹ 실력을 기르자.

학위나 자격증 수집이 아닌, 앞으로 10년, 20년 후에도 나를 단단하게 세월 줄 지식과 능력을 키워야 한다.

❺ 금융 지식을 키우자.

40대에 모으지 못하고 배우지 못하면 더 이상 기회는 없다고 했다. 금융 지식을 키우는 것은 필수다.

❻ 세일즈와 마케팅을 배우자.

스마트스토어처럼 직접 상품을 팔거나, 고객에게 서비스를 제공하는 것뿐만 아니라, 자신의 능력을 세일즈하고 마케팅하는 능력도 필요하다.

마흔 다 되도록, 돈을 제대로 벌어본 경험도 없는 아줌마가 어떻게 돈을 벌어야 할지 막막했다. 그때, 나는 돈을 벌기 위해서는 돈에 대해 공부해야 한다는 것을 알게 되었다. 돈을 공부한다고? 그게 가능해? 세상에 그런 게 있어? 이럴 수가. 한때 대학교수 임용면접까지 봤던 나인데, 지금껏 돈 공부라는 말은 듣지도 보지도 못했다. 대체 이 공부는 어디서 할 수 있단 말인가? 누구에게 배울 수 있다는 것인가? 어디서 배울 수 있다는 것인가? 나는 모든 것이 궁금했고 빨리 배우고 싶었다.

chapter 3

스마트스토어에서
성공하는 비결은
따로 있다

나를 부자로
리프로그래밍하다

나를 리셋했다면, 이제는 리프로그래밍할 차례이다.

나는 미디어아트 전공자다. 미디어아트를 구현하기 위해서는 코
딩이 필수다. 내가 사용했던 언어는 예술가와 디자이너들을 위해 개
발된 언어였는데, 이것을 사용해 코딩하려면 우선 하얀 스케치북을
펼쳐야 한다. 우리가 마치 그림을 그릴 때 하얀 도화지를 펼치는 것
과 같다. 그리고 그곳에 내가 원하는 결과를 수행할 수 있도록 한 줄,
한 줄 명령어를 입력해 준다. 필요하다면 외부 자료를 찾아서 넣어주
기도 한다. 중간에 오류가 생기면 오류도 잡아주면서 그렇게 코딩을
빌드업한 후 실행시킨다. 그러면 내가 코딩한 로직대로 기계와 프로
그램이 작동한다. 만약 마음에 들지 않거나 오류가 있다면, 부분 부
분 수정을 할 수도 있지만, 어떤 경우에는 기본 로직 자체에 문제가
있어, 아예 처음부터 다시 작성하는 편이 나을 때도 있다.

마흔, 폭풍성장으로 부의 추월차선에 올라타라

나는 이것을 나 자신에게도 적용하기로 한 것이다. '나'라는 하드웨어는 그대로 있되, 소프트웨어, 즉 뇌를 바꿔보기로 한 것이다. 빠른 결과를 위해, 수정보다는 리셋 후, 프로그램을 다시 쓰는 편을 택했다. 사람이 무슨 로봇도 아니고 기괴한 소리인가 싶지만, 뇌의 신경 가소성을 이해하면 충분히 가능한 일이다. 신경 가소성은 뇌의 유연성을 말하는데, 우리가 새로운 것을 배우거나 경험할 때 뇌의 구조와 연결이 변화한다고 한다. 그리하여 경험과 학습을 통해 뇌의 구조와 기능을 변화시킬 수 있다는 것이다. 이 얼마나 반가운 소식인가?

리프로그래밍의 목표 세우기

자, 그렇다면 프로그래밍을 새로 써보자. 여기서 가장 중요한 것은 무엇일까? 그것은 바로 목표이다. 모든 것에는 최종 목표가 있다. 프로그램을 만들 때 게임을 만들 것인지, 계산기를 만들 것인지, 이미지 편집 툴을 만들 것인지 정해야 하듯이 말이다. 나는 '부자'가 되는 것을 목표로 했다.

우리는 경험과 학습을 통해 뇌의 구조와 기능을 변화시킬 수 있다고 한다. 신경 가소성은 그 얘기는 우리가 의도적으로 우리를 새로운 방식으로 교육하고, 사고하는 방식을 변화시킬 수 있다는 것이다. 나는 이것을 나에게 적용하기로 했고, '리프로그래밍'이라고 표현한다.

나를 리프로그래밍한다는 것은 나의 사고방식, 습관, 지식, 믿음체계 등을 의도적으로 변화시키는 과정을 말한다. 리프로그래밍을

113

할 때에는 명확한 목표가 있어야 한다. 컴퓨터나 소프트웨어를 프로그래밍할 때도 명확한 목표가 있듯이 말이다. 나의 새로운 목표는 부자가 되는 것이다. 나는 부자가 되기로 결심하였고, 그것을 내 뇌에 각인시키기로 했다. 그러기 위해서 가장 먼저 행해야 하는 것은 내가 부자가 되겠다고 선언하는 것이다.

"나는 부자가 되기로 결심했다!"
"내 꿈은 부자다!"

이미 성공한 부자들이 말하길, 부자가 되기 위한 가장 첫 번째 단계는 바로 부자가 되겠다고 선언하는 것이라고 했다. 부자가 되는 것을 목표로 삼는다는 것이다. 나는 그 사실을 알고 내 인스타그램 프로필에 바로 적용했다. "나는 부자가 되기로 결심했다"라고.

이 책을 읽고 있는 당신도 아마 부자라는 제2의 꿈을 갖고 있을 것이라고 짐작한다. 그렇다면 눈으로만 마음속으로만 말하지 말고, 큰 소리로 한번 외쳐보자. "나는 부자가 되기로 결심했다!" "내 꿈은 부자다!!" 어떤가? 나는 마치 "임금님 귀는 당나귀 귀!"라고 외치는 느낌이었다. 그동안 말하지 못했던 내 속마음을 터놓는 느낌이다. 나도 몰랐던 돈에 대한 욕망을 속 시원히 드러내니 얼마나 개운했는지 모른다.

다시 한번 외쳐보자!

"나는 부자가 되기로 결심했다! 나는 부자다!!"

와우! 축하한다!

사실, 목표를 설정하는 데에는 더 세심한 설정이 요구된다. 내가 생각하는 '부자'라는 것의 정의도 명확히 해야 하며, '부자가 된다'는 것의 의미도 잘 생각해 봐야 한다. 내가 어디서 일확천금이 떨어져서 부자가 된다는 것인지, 돈을 벌어서 부자가 된다는 것인지, 누구에게 서 돈을 받아서 부자가 된다는 것인지 기준을 세워야 하며, 잠깐 부자인지, 죽을 때까지 부자인지, 죽기 전에 부자인지 등등 상세히 설정하는 것이 좋다. 이 부분은 각자 저항 의식이 없는 방식으로 정하면 된다.

돈에 대한 자신감

나는 우선으로 리프로그래밍하고 싶은 부분이 있었다. 그것은 돈에 대한 자신감이다. 나는 항상 '나는 돈을 못 벌어.' '나는 돈 벌 줄 몰라.' '나는 돈 버는 기술도 아이디어도 없어.'라고 생각하며 돈을 번다는 것에 자신감이 없었다. 그래서 이 부분을 리프로그래밍하고 싶었다. '나도 돈 벌 줄 알아!' '나 돈 잘 벌어!' '나는 돈 버는 기술과 아이디어가 넘쳐!'라고 말이다.

돈에 대한 자신감을 심어주기 위해서는 돈을 직접 벌어야 했다.

그것도 능동적인 돈을 말이다. 그동안 내가 벌어온 돈은 수동적이었다. 누군가 시키는 일을 하거나, 내 몸을 사무실에 앉혀놓는 대가로 받은 돈이다. 대학에서 강의했던 것도, 이미 짜인 구조 안에 내가 채용이 되었기에 가능했던 것이며, 그마저도 나의 의지와 상관없이 다음 학기 채용이 되지 않으면 돈을 벌 수 없었다. 나는 내 스스로 돈을 만들어보기로 했다.

어차피 나에게는 선택지가 많지 않았다. 복직할 곳도 없어졌고, 마흔 가까이 그렇다 할 직장 경력도 없는 나를 채용해 줄 곳도 없었다. 설령 취직을 했다고 해도 아이를 봐줄 사람도 없었다. 당시는 코로나 팬데믹 시기였기에 수시로 가정 보육을 해야 했던 시기로 직장을 다니던 엄마들도 많이 그만둘 수밖에 없던 시기이기도 했다.

내가 공부한 바에 의하면, 돈을 만드는 방법으로는 크게 사업과 투자가 있다. 당시 코로나 팬데믹으로 상당한 돈이 풀리면서 돈의 가치는 떨어지고, 주식과 부동산 가치가 크게 오르며 투자로 돈을 번 사람들이 많이 생겼다. 유튜브에서 주식과 부동산 투자를 다루는 채널들이 우후죽순 생겨났고 유튜브뿐만 아니라 모든 미디어가 투자의 열기로 활활 타오르고 있었다. 나도 관심을 갖고, 꽤 시간을 들여서 공부해 봤지만, 당장 소득이 없는 상황에서 진지하게 시도할 수 있는 분야가 아니었다.

그리하여 나는 사업을 해보기로 했다. 그리고 그중에서도 거의 무자본으로 시작할 수 있다고 하는 온라인 비즈니스에 도전해 보기로 했다. 내가 나를 고용하면 그게 사업 아닌가? 나는 어릴 적부터 컴퓨터나 각종 기기와 프로그램을 다루는 데에는 능숙한 편이라 온라인에 대한 두려움도 없었다. 무엇보다 아이를 키우는 내게 집을 비우지 않아도 된다는 점은 가장 큰 이점이었다. 사실, 나에겐 온라인 비즈니스 외에 다른 선택지는 없었다.

나는 온라인 비즈니스를 통해 나를 리프로그래밍하기로 했다. 돈 벌 줄 아는 사람으로 말이다. 그리고 나를 리셋하는 데 1년이라는 시간을 들였듯, 리프로그래밍하는 데에도 한 해를 투자하기로 했다.

나는 매일 스마트스토어에서
돈이 들어온다

나는 지금 방구석에서 스마트스토어로 돈을 벌고 있다.

모두가 그렇겠지만 특히나 아이를 키우는 엄마들에게는 더 큰 로망일 것이다. 출근하지 않고 집에서 돈 버는 것. 나는 지금 큰일 하지 않고도 이전 직장 월급보다 더 많이 돈을 벌고 있다.

이것은 하루아침에 된 것도, 단 몇 개월 만에 이루어진 것도 아니다. 사실, 스마트스토어 배우기 시작한 날부터 첫 수익이 일어나기까지는 약 6개월 정도가 걸렸으니, 이것만 들으면 누구나 몇 개월 만에 돈을 벌 수 있다고 착각할 수 있다.

하지만, 나는 결코 이것이 단순히 강의를 들었기 때문에, 혹은 내가 듣고 실행했기 때문에 결과가 나왔다고 생각하지 않는다. 거기까지 도달하는 데에는 쌓여온 시간이 있었다. 바로 나를 성장시키는 시간 말이다.

처음, 돈을 벌고자 했을 때 나는 조급했다. 유튜브와 각종 SNS에서 방구석에서 월 천만 원 버는 법 등이 판을 치고 있었고, 누구나 따라하면 월 천만 원쯤은 금방 벌 것 같았다. 나는 또 워낙 배움이 빠르고 이해가 빠른 편이라, 원리만 알면 요령껏 잘해가는 스타일이기에, 이 분야에서도 내가 핵심만 알면 지름길을 찾아갈 수 있다고 생각했다. 나는 그런 나를 믿고, 열심히 수업들을 찾아 듣고, 유튜브 채널 여러 개를 보면서 그 지름길을 찾으려 했다.

그런데, 아무리 찾아도 지름길이 보이지 않는다. 인스타그램을 해볼까 했더니, 사람들이 좋아할 만한 콘텐츠를 만들어야 하고, 사진도 잘 찍어야 하고, 톤도 맞추라 하고, 글이 가독성이 있어야 하고, 해시태그는 어떤 걸 써야 하고, 어떤 걸 쓰면 안 되고, 또 언제 올리고, 언제 어떻게 소통하고 등등… 손가락 노동으로 하나하나 쌓아야 했다. 지금은 릴스 한 편만 잘 터져도 금방 몇만 인플루언서가 될 수 있다지만, 이것 역시 지금 터지는 릴스 콘텐츠에 대한 이해도를 기반으로 한 철저한 기획부터 촬영, 편집은 필수다.

유튜브는 어떤가? 영상 하나로 빵 뜨기는 힘들다. 설령 하나로 떡 상했다고 해도 그 후에 소비할 만한 콘텐츠가 있어야 수익화가 가능하다. 결국 꾸준히 콘텐츠를 발행해야 한다는 것이고, 그냥 찍어서 올린다고 보는 것이 아니고, 인스타와 마찬가지로 사람들이 관심 있는 주제, 후킹할 수 있는 제목과 섬네일 등등 게다가 양질의 콘텐츠를 제작하기 위해서는 공부도 해야 한다. 거기에 촬영과 편집은 기본이고 감각까지 있으면 금상첨화다. 역시나 요행을 바랄 수 없는 곳이다.

큰 수익은 아니지만, 빠르게 수익을 낼 수 있다고 해서 쿠팡 파트너스 수업도 들어봤다. 블로그에 꾸준히 몇 개 이상의 글을 쓰면 작게나마 수익이 난다고 한다. 인스타와 유튜브는 수익이 나기까지 어쩔 수 없는 시간이 걸리는데, 쿠팡 파트너스는 금방 가능하다고 했다. 죽어 있던 블로그에 배운 대로 글을 올리고 하다 보니 수익이 난다. 신기했다. 하지만 이 역시도 계속해서 수익을 내기 위해서는 최소 하루 한 개 이상의 블로그 글을 작성해야 했다. 또 뭐든 대충 하는 건 못 하다 보니 키워드 찾고, 이미지 찾아서 살짝이라도 편집하고 하는 데 시간이 꽤 소요되었다.

스마트스토어 수업도 들었다. 하나하나 가입하는 법부터 배워나갔는데, 결국은 스마트스토어도 올려놓는다고 그냥 팔리는 게 아니었다. 아이템을 찾고, 소싱을 해야 하고, 업체에 전화도 해야 하고, 경쟁사 분석도 해야 하고, 제품 장단점 파악해서 상세 페이지도 만들고, 키워드 뽑고 등 쉬운 건 하나도 없었다.

자신에 맞는 비즈니스 모델 찾기

유료 강의도 듣고, 무료 강의도 듣고, 여기저기 유튜브도 다 찾아보고 정말 빠르게 수익 내고 싶어서 조급한 마음에 여기저기 다 쑤시고 다녔다. 여기저기 이것도 배우고 저것도 배우고 하면서 일 년을 보냈을까? 나는 깨달았다.

아, 돈 버는 데에는 요행이 없구나. 일단 한 단계, 한 단계 밟아 올라가야 하는구나. 꾸준히 하는 것, 조급한 마음을 버리고 성과가 날 때까지 기다리면서 포기하지 않고 실력을 쌓아가는 시간이 필요함을 깨달았다.

그래, 이제 마음의 준비는 되었다. 그런데, 그래서 무엇으로 돈 벌 것인가?

일단, 인스타그램은 나의 성향과 맞지 않았다. 유튜브도 주제를 찾는 것에서부터 막혀버렸고, 여러모로 자신이 없었다. 또한, 나는 당시 신사임당 님의 유튜브 수업을 들었는데 강의는 너무 좋았지만 강사에게 직접적인 피드백을 받을 수 없는 점이 너무나 답답했다. 게다가 꾸준히 콘텐츠를 생산해야 한다는 점이 예술 작품을 만들어내던 내 과거의 삶과 닮았기에 전혀 다른 새로운 분야에 도전해 보고 싶은 욕구가 더욱 강했다. 그래서 나는 스마트스토어를 본격적으로 해보기로 했다.

우선 스마트스토어로 내가 정말 수익을 낼 수 있는지 검증이 필요했다. 빠르게 성과를 내기 위해서 믿고 배울 만한 강의를 찾는 것이 중요했다. 인스타그램 등등에서 스마트스토어 수익을 내세우며 무료 강의를 들어보라는 강사들이 많았다. 무료도 들어보고, 소정의 유료 수업들도 들어봤다. 나는 이미 유명 강사의 VOD 수업을 들었으나,

그 역시 실시간 피드백이 불가능한 점이 불만이었기에, 이번에는 무조건 나에게 피드백을 줄 수 있는 수업을 찾기로 했다.

또한 여러 수업을 들으면서 가장 답답했던 소싱 부분에 대해 어떻게 강의하는지를 유심히 관찰했다. 내가 들었던 대부분의 수업에서 갑자기 밑도 끝도 없이 '철봉' 사례가 등장하는 것이 굉장히 큰 불만이었기 때문이다. 이런저런 기준을 가지고 찾던 중 내가 피드백을 받을 수 있는 강의를 만날 수 있었고, 나는 그 덕에 지금 스마트스토어로 안정적으로 돈을 벌고 있다.

우선, 닥치고 등록한다는 닥등 형식은 피했다. 나는 이런 식으로 돈을 벌고 싶지는 않았다. 그냥 닥치는 대로 올리고, 왜 팔리는지도 모르는 식의 배울 것이 없는 행위는 하고 싶지 않았다. 실제로 내가 들어가 있던 스마트스토어 오픈톡방에서 강사나 수강생이나 왜 수익이 나는지 모른다는 식의 대화가 오가는 것을 보고 충격을 받고 나온 적이 있다.

스마트스토어 수업은 사실 쉽지 않았다. 하지만 이미 이 맛 저 맛 다 보고 온지라, 묵묵히 배운 대로 하나하나 실행해 보기로 했다. 다행히 실행한 것들이 정확히 맞아떨어졌고, 상품등록 후 오래지 않아 실제 매출이 일어났다.

나는 어떻게 이게 가능했을까? 앞서 말한 약 일 년여 간의 시간이 있었기 때문이라고 확신한다. 이것저것 다 들어보고 들쑤시고 다녀보니 나에게 필요한 강의가 어떤 것인지 알 수 있었고, 무엇보다도 정말 내게 맞는 강의인지 볼 수 있는 눈도 생긴 것이다. 이런 과정이 없었다면, 나도 다른 이들처럼 여기저기 떠돌다가 정착하지 못했을지 모른다.

그러고 보면 우리가 하는 모든 행동 하나하나는 헛된 것이 없다. 지금 당장 내가 무얼 하지 않더라도, 혹은 실수를 하고 있더라도… 그것으로부터 배움과 깨달음이 있을 것이다. 그리고 그 시기에는 아무리 좋은 기회가 내게 와도 눈에 들어오지도, 귀에 들리지도, 마음이 동요하지 않는 것이다. 뭐든지 때가 있다.

지금, 이 책을 읽고 있는 것은 과연 우연일까? 나는 아니라고 생각한다. 지금 당신에게 이것이 필요하기에, 적절한 시기이기에 이 책을 읽고 있다고 본다. 만약 책 내용이 아직은 안 들어온다면, 지금은 아닌 것이다.

나 역시 주변에서 사람들이 좋은 책이라며 여러 번 추천해 준 책이 있다. 그런데 그 당시에는 "아 그래요." 하고 말았다. 그로부터 1년 후 나는 나 스스로 그 책을 찾아서 보게 되었다. 그 시점에 내가 딱 찾던 내용들이 그 책에 있었다.

나는 그렇게 모든 것은 내가 필요로 할 때 나에게 찾아온다고 믿는다.

스마트스토어
지금 시작해도 될까?

많은 사람이 이제는 스마트스토어를 시작하기에 늦지 않았냐고 묻는다. 사실 이런 질문은 1년 전에도 2년 전에도 3년 전에도 있었다. 내가 처음 스마트스토어를 해볼까 하고 관심을 가졌던 게 2021년이다. 그때도 '이미 늦은 거 아니냐?', '포화 시장이다.' 등등 이러쿵저러쿵 말이 많았다. 그런데 2024년 현재 시점으로 보면 그것도 빨리 시작한 것이다. 나는 2022년 하반기에 스토어를 시작했다. 지금 보면 '그래도 빨리 시작했네' 하겠지만 그때도 역시나 늦었다고 생각하는 사람에겐 늦은 시기였다.

2024년은 늦었을까? 스마트스토어를 새로 시작하는 사람은 오늘도 있을 것이고, 내일도 있을 것이고, 한 달 뒤, 석 달 뒤에도 있을 것이다. 누군가는 시작한다. 하지만 누군가는 안 될 이유만 찾고 있다.

나는 아직도 초보자가 진입하기에 스마트스토어만한 곳이 없다고 생각한다. 물론 요즘은 쿠팡도 하고, 해외 쇼핑몰까지 진입하고 있다. 하지만, 이들은 왕초보가 시작하기에 만만한 곳이 아니다.

이 책을 읽고 있는 사십 대 여성이라면 온라인 구매 경험은 충분할 것이다. 그리고 아마도 대부분 네이버와 쿠팡에서 구매할 것이다. 2023년 6월 오픈서베이의 설문조사 결과에 따르면 네이버쇼핑과 쿠팡의 국내 온라인 쇼핑몰 시장 점유율이 64.9%에 달하는 것으로 나타났다. 나 역시 네이버와 쿠팡 두 플랫폼을 가장 많이 쓴다.

그런데 두 플랫폼에서의 구매 패턴이 확연히 다르다. 당신도 각 플랫폼에서 어떻게 구매하는지 생각하면서 읽어보면 좋겠다.

쿠팡과 스마트스토어의 비교

우선, 쿠팡은 주로 내일 바로 받아봐야 하는 제품일 경우에 이용한다. 로켓프레시 장보기라든가, 당장 필요한 생필품 등은 쿠팡유료 회원이면 배송료도 없이 다음 날 아침에 바로 배달되기에 자주 이용한다. 심지어 오전에 주문하면 저녁때 받아보기도 하니, 급하게 필요할 때에는 쿠팡만 한 게 없다. 이때 구매하는 제품들의 가격은 보통 5만 원대 이하 제품이며 상품의 퀄리티가 보장되는 이미 알고 있는 생필품 같은 상품이 대다수다. 구매를 결정하는 데 가격이 크게 부담되지 않는 수준이라는 것이다. 조금 비싸봐야 몇천 원 차이이기에 신경 쓰지 않는다.

쿠팡에서는 주로 로켓배송 제품을 구매하며 상위 노출된 제품을 바로 클릭해서 구매한다. 그래서 쿠팡은 광고 기반 판매이다. 광고와 리뷰 작업은 필수다. 그런데 이 광고라는 게 왕초보가 건들기에는 쉽지 않다. 더구나 판매 경험이 없는 사십 대 초보 셀러가 광고비에 하루 몇만 원씩 투자한다는 건 쉽지 않다. 분명 무자본 사업이라고 했는데, 제품은 도매 사이트나 위탁으로 자본이 들지 않았을지는 몰라도 그 이상의 광고비를 지출해야 한다는 것에서 사실상 어렵다고 보면 된다. 또한 쿠팡은 정산이 늦다. 광고비 지출과 수수료, 그리고 늦은 정산 등으로 계좌관리가 어렵기도 하고, 수수료와 광고비를 계산해보면 역마진이 나는 경우도 많으니 조심해야 한다.

반면에 조금 고가의 제품이나, 잘 모르는 제품인데 신중하게 구매해야 하는 제품은 네이버를 이용한다. 제품에 대한 정보 수집이 필요하기 때문에, 네이버에 검색하여 블로그나 카페 등의 후기도 찾아보고, 스토어의 상세 페이지 및 리뷰도 꼼꼼하게 읽어보고 구매한다. 그리고 판매자와의 연락도 쉽기 때문에 제품 문의를 하기에도 좋다.

네이버의 경우는 쇼핑 검색에서 광고는 상위 3칸만 보여준다. 그리고, 내려가면서 조금씩 광고가 노출된다. 광고인 것이 티가 잘 나다 보니, 어떤 제품은 광고는 믿고 거르고 바로 4번째 제품부터 보기도 한다. 이 말은 광고를 하지 않는 사람에게도 승산이 있다는 것이다. 실제로 나의 경우는 네이버 광고를 전혀 하지 않고도 매출을 유지하고 있다. 또한, 검색 기반이다 보니 키워드만 잘 찾으면 얼마든지 네이버 안에서 기회를 만들 수 있다.

쿠팡에 맞는 제품	스마트스토어에 맞는 제품
• 관여도가 낮은 제품 • 5만 원대 이하의 제품 • 이미 다른 셀러들도 많이 팔고 있는 제품 • 배송이 쉬운 제품 • 해외구매대행	• 관여도가 높은 제품(검색정보가 많은 제품) • 상대적으로 고가의 제품 • 아직 잘 알려지지 않은 제품

지금, 네이버니, 쿠팡이니 비교하는 것도 무의미할 수 있다. 지금의 이삼십 대는 이미 거의 모든 검색을 유튜브에서 하고 영상에서 소개해준 링크를 타고 바로 구매까지 한다고 한다. 만약 팔고자 하는 제품의 주 타깃이 이삼십 대라면 유튜브도 잡아야 한다.

하지만, 이 모든 과정에서 스마트스토어를 빼고 갈 수는 없다. 아무리 유튜브를 보고 구매를 한다고 해도, 그 구매 링크는 스마트스토어인 경우가 많다. 추후엔 유튜브 자체에서 결제도 가능하게 한다고는 하지만, 현재로서는 소비자가 가장 쉽게 결제할 수 있는 플랫폼으로 네이버와 쿠팡이 대표적이기 때문이다. 특히, 네이버 스마트스토어에 제품이 등록되어 있으면 신뢰도까지 얻을 수 있다는 게 장점이다.

나 또한 최근 여러 신생 브랜드가 유튜브를 통해 마케팅 활동을 하면서 스마트스토어 플랫폼을 사용해 판매하면서 신뢰를 쌓아가는 모습들을 많이 목격하고 있다.

초보자로서 온라인 판매 경험을 쌓고 싶다면, 스마트스토어만 한 것이 없다. 스마트스토어 개설부터 상품등록, 판매 등 모든 절차가 초보자가 다루기에 어렵지 않게 되어 있다. 스토어를 하다가 다른 플랫폼을 들어가 보면 얼마나 복잡하고 어지러운지 알게 될 것이다. 또한, 스마트스토어는 지속적인 신규 셀러들의 유치를 위해 신규 셀러들에게 다양한 혜택들을 주고 있으니 이 부분도 잘 활용하면 좋다.

스마트스토어는 다른 오픈마켓보다 판매자들을 보호해 주는 정책이 잘 되어 있다. 쿠팡이나 지마켓 등은 구매자 친화적이라, 반품과 취소가 매우 쉽게 되어 있다. 판매자에게 반품 제품이 도착하기도 전에 고객에게 환불이 완료되기도 한다. 소비자 과실이 분명할 때도 판매자 선에서 환불 여부를 컨트롤할 수 없고, 판매자가 오픈마켓 측에 일일이 증명해야 하는 절차도 매우 까다롭다. 하지만 스마트스토어는 판매자가 이러한 권한을 가지고 있기에, 공정한 거래가 가능하다.

'닥등'보다 나에게 맞는
운영방법을 찾자

스마트스토어 전문가는 널렸다. 네이버가 2012년 N샵으로 처음 쇼핑 서비스를 도입했으니, 그때 시작해서 현재까지 운영하는 사람이 있다면 최소 10년 이상 된 사람도 있을 것이다. 유튜브엔 너도 나도 스마트스토어로 월 천만 원을 벌었다, 억대 매출을 찍었다는 영상들이 난무한다. 그들 중엔 진짜도 있겠지만, 가짜도 많다.

하지만 초보자는 누가 진짜고 누가 가짜인지 판단하기 어렵다. 자극적인 제목과 섬네일에 후킹 되어 클릭해 보면 누구는 이렇게 하라 하고, 누구는 저렇게 하라 한다. 초보자는 중심을 잡기 힘들다. 이리 흔들리고 저리 흔들리다가 정작 시작도 못 하고 시간만 흘려보낸다. 그럴 때 가장 도움을 줄 수 있는 사람은 누구일까? 스마트스토어로 몇억씩 매출을 내고 있는 고수일까? 아니면 나보다 한 발 앞서 가고 있는 선배일까?

나는 나보다 딱 한 발 앞서 가고 있는 선배에게 배우라고 말하고
싶다.

스마트스토어라는 단어는 하나이지만, 판매 방식은 각양각색이다.

❶ 직접 제조하여 판매하는 방식

내 상품, 내 브랜드 제품을 개발부터 시작하는 방식으로 투자금이
가장 많이 든다. OEM, ODM 등의 제조방식도 여기에 포함된다.

❷ 사입하여 판매하는 방식

도매가로 대량 구매 해놓고 판매하는 방식으로 초기 투자금이 들
어간다. 제품에 따라 브랜딩하여 판매할 수 있기도 하고, 아니기
도 하다. 국내 제품 사입부터 해외 사이트를 통한 사입까지 해당
된다.

❸ 도매 사이트 위탁판매

도매 사이트에 등록된 제품을 위탁으로 판매하는 방식으로 소싱
난이도가 가장 낮다. 무자본으로 가능하다.

❹ 직접 소싱하여 위탁판매

마음에 드는 제품을 찾아 제조사에 연락하여 계약 후 위탁판매하
는 형식이다.

❺ 그 외에도 해외 구매대행 및 소소매, 리셀 등 여러 판매 방식이 존
재한다.

나의 경우는 4번째이다. 팔고 싶은 제품을 찾고, 제조사에 직접 연락하여 미팅 후 판매를 시작하게 된 경우다.

지금 내 책을 읽고 있을 독자라면 아이를 키우고 있는 삼사십 대 엄마일 확률이 높을 것이다. 우리가 처음 시작하기에 1, 2번은 사실상 어렵다. 일단 투자금이 들기 때문이다. 우리가 온라인 판매를 해보려는 것은 초기 자본금 없이 시작할 수 있다는 이유가 가장 크지 않은가? 그러니 1, 2번은 다른 카테고리라고 보면 된다.

그렇다면 3번과 4번인데, 보통 위탁판매라고 하면 3번과 같은 도매 사이트에서 상품을 찾아 올리는 방식을 말하는 경우가 많다. 초보자가 상품을 소싱하기도 쉽고, 상세 페이지도 그대로 쓰면 되는 경우가 많기 때문이다. 게다가 도매 사이트에는 수십만 제품이 올려져 있으니, 팔 수 있는 물건도 많다. 상품을 골라서 등록하기까지는 쉽지만, 판매는 보장할 수 없다. 도매 사이트 제품은 가격경쟁이 심할 뿐만 아니라 이미 판매하고 있는 셀러도 넘쳐나기 때문이다. 그 시장에서 살아남기 위해서는 결국 저가 경쟁인데, 그러다 보면 마진 남기기가 어려워진다.

그럼에도 키워드를 잘 찾아서 도매 사이트 제품으로 매출을 내고 있는 초보 셀러들도 있긴 하다. 3번과 같은 방식은 보통 '닥등'이라는 방식으로 운영된다. '닥등'='닥치고 등록'이라는 것이다. 매일 하루에 최소 1개~10개씩 키워드를 찾아, 도매 사이트에 있는 제품들을 닥치고 등록하는 것이다. 키워드가 잘 잡힌 경우엔 판매가 일어나기도 한다.

닥등 방식은 매일매일 꾸준히 상품을 올리는 것이 중요하기에 '스마트스토어 상품 올리기 챌린지' 같은 프로그램을 지속할 수 있는 장치로 이용하기도 한다. 하지만 치명적인 단점이 하나 있다. 이렇게 수십 개 수백 개 올린 상품 중 하나가 어느 날 팔렸다고 해보자. 문제는 왜 팔렸는지를 모른다. 나는 이런 경우를 많이 봤다.

스토어를 운영하려고 다양한 강의도 들었었고, 여러 커뮤니티에 가입도 했었다. 여러 개의 오픈 톡방에도 참여했는데, 그곳에서 이런 현상을 자주 볼 수 있었다. 갑자기 판매가 일어났는데 왜 팔렸는지를 모른다는 것이다. 심지어 커뮤니티 운영자조차도 몰랐다. 그곳에서는 왜 팔렸는지도 모르고 그저 '열심히' 상품 등록만 하는 것이 스토어를 운영하는 방식이었다.

내 스토어에서 그 상품이 왜 팔렸는지를 알아야, 다음 스텝으로 넘어갈 텐데, 알 수가 없으니 계속 상품 등록만 반복할 뿐이다.

그리고, 이렇게 도매 사이트 상품을 그저 기계적으로 닥등하다가 상품 주문이 들어오면 제품 발주를 넣어야 하는데, 일일이 해당 상품 판매처를 다시 찾아야 하는 것도 일이지만, 막상 주문하려고 보니 상품이 품절이거나, 가격이 변동되어 있는 경우도 많다.

상품등록을 자동으로 해주는 프로그램도 있다. 물론 네이버가 좋아하지는 않기에 요즘은 거의 사용하지 않는 것으로 알고 있다. 그렇듯 초기에는 많은 사람들이 이러한 방식으로 스토어에 진입했다. 그리고 아래와 같은 수순을 밟게 된다.

1. 매일 상품 등록을 해야 한다.
2. 팔려도 왜 팔리는지 모른다.
3. 발주하려고 보니 상품을 못 찾거나 품절이거나 가격이 오른 경우가 있다.
4. 마진이 적다.
5. 노동력 대비 매출과 마진이 적다 보니 점점 하기 싫어진다.
6. 언제까지 닥치고 등록해야 하는지 모르겠다.

이제 남은 것은 4번이다. 바로 내가 운영해 오는 방식이다.

이 방식은 3번에 비해 어렵다. 직접 상품을 소싱하기 위해 발품 손품도 팔아야 한다. 마음에 드는 상품을 발견하면 업체에 전화도 해봐야 한다. 업체가 위탁판매가 가능한 곳인지도 알아봐야 하고, 더 중요한 건 초보인 나에게 상품을 제공해 줄지도 알 수 없다. 이런저런 두려움 속에 전화를 걸어야 한다.

이런 과정을 거쳐 상품 소싱에 성공하면 이제부터는 상세 페이지를 만들어야 한다. 키워드도 잡아야 하고, 판매를 위한 기초적인 마케팅 작업도 해야 한다. 위탁 제품이지만 내가 제조한 상품을 판매하듯이 전 과정을 거쳐야 한다.

분명, 3번보다는 어렵다. 하지만, 반복되는 일이 없다. 제품 하나를 진행하는데 전체 사이클을 다 돌아야 하므로 지루할 틈이 없다. 게다가 이렇게 해서 찐 구매가 일어나기 시작하면 구매 요인을 분석할 수 있고, 다음 스텝을 준비할 수 있다.

그 말인즉, 막연하게 이유도 모르게 주문이 들어오기를 기다리는 것이 아닌, 원하는 고객이 내 제품을 찾아오게 하는 퍼널 세팅이 가능하다는 것이다. 이런 방식으로 스마트스토어를 운영하게 되면 배우는 것이 무궁무진하다. 팔리는 상품 찾는 법, 고객의 눈길을 끄는 섬네일, 팔리는 문구 쓰는 법, 상세 페이지 구성, 검색 퍼널 등등 당신은 계속해서 배우면서 눈부신 성장을 하게 될 것이다. 나는 바로 이 점이 가장 주목할 만하다고 본다.

돈을 벌기 위해 스마트스토어를 시작했지만, 이것을 토대로 제품 판매의 한 사이클을 제대로 경험해 보는 것이 가장 큰 수확이라고 본다. 이것은 추후 더 큰 목표를 이룰 수 있는 아주 중요한 기반이 된다.

왜 대부분의 사람이
실패할까?

스마트스토어를 시작하는 사람은 많은데, 대다수가 10개도 팔지 못하고 포기한다고 한다. 왜일까?

스마트스토어에 대한 과신과 잘못된 정보

유튜브나 SNS로 '스마트스토어'를 검색하면 너도나도 스마트스토어로 월 천쯤은 쉽게 버는 듯이 말한다. 그래서 나도 보고 따라 하면 금방 월 천은 아니더라도 몇백은 금방 벌 것 같은 환상을 가지고 시작한다.

불가능한 것은 아니지만 거기에는 조건이 있다. 온라인에 보이는 가짜들을 제외하고, 진짜라고 보이는 사람들을 분석해 보자. 단기간에 스마트스토어로 월 천을 번 사람들이 누구인지 보자. 글쎄, 내가 본 사람은 대부분 젊은 이삼십 대였고 미혼 남성의 비율이 높았다.

그들이 수익을 낸 방법을 들어보면 절대 쉽게 이루어진 것은 없었다. 그들은 하루의 거의 모든 시간을 스토어에 쏟았다. 끊임없이 키워드를 찾고, 상세 페이지 작업을 하고, 광고 성과를 추적하는 데 모든 시간을 쏟았다. 그리고 단기간에 큰 수익을 내기 위해서는 결국 중국에서 제품을 사입해오는 패턴들이 보였다.

그들과 나의 기본값은 다르다. 자라온 시대도 다르고, 뇌 구조도 다를 것이며, 시간과 환경 등 모든 것이 다를 것이다. 다르니까 포기하라는 것도 아니고, 불평하고 탓을 하라는 것이 아니다. 다름을 인정하고 나를 알자는 것이다.

이 책을 읽고 있을 독자의 타깃은 어린 자녀를 키우고 있는 40전후의 엄마들이다. 우리는 나만 돌보면 되는 사람들이 아니다. 가정도 돌보면서 동시에 나도 돌봐야 한다. 젊은 시절처럼 밤새워 일하고 아침 늦게까지 잘 수 있는 호사도 누릴 수 없다. 아이가 아직 없다면 남편 정도는 살짝 무시할 수도 있다. 출근 잘 다녀오라고 살짝 인사만 해줘도 어찌 넘어갈 수 있다. 하지만, 아이는 아니다. 늦잠을 자고 싶어도 해가 뜨면 어김없이 아이는 에너지가 완전히 충전된 모습으로 방긋 웃으며 엄마를 깨울 것이다.

유튜브에 '스마트스토어'를 검색하니 '매출 ○○억 셀러!' 이런 제목들이 후킹을 한다. 대부분 알고리즘에 의해 우리 눈에 보여지게 되는 영상들은 이렇듯 많은 사람들을 후킹할 수 있는 자극적인 제목들이다. 그러다 보니 월 천부터 시작해서 월 몇억, 연 매출 몇억, 몇십억 이런 제목의 영상들부터 보게 된다. 그리고 그들은 영상에서 매우 쉽게 말한다. 누구나 할 수 있다고 말한다. 계속 보다 보면 '조금만 배우면 나도 하겠는데?' 싶은 근거 없는 자신감마저 생긴다. 그러면서 누가 제일 잘하나 하며 그중에 따라갈 만한 사람을 찾는다. 이미 처음부터 요행을 바라고 접근한다.

스마트스토어? 기본전제를 쉽다고 생각하고 들어가는 게 가장 큰 문제다. 나는 앞에서도 말했지만, 요행은 없었다.

조급해서 집중을 못 한다

이것은 만만한 것과도 연관된다. 너도나도 지금은 온라인에서 빠르고 쉽게 돈을 벌 수 있다는 말에 현혹되어 충분한 준비 없이 서둘러 스마트스토어를 시작한다. 빠르고 쉽게 돈을 벌고 싶다는 것은 이미 조급한 마음이 기본 바탕이다. 그래서 강의를 들어도 한곳에 집중을 못하고, 이 강의 저 강의, 이 사람, 저 사람 어디 더 빠르고 쉬운 방법 없나 하고 끊임없이 새로운 정보를 찾아다니느라 정작 실행은 하지 못하고, 시간과 에너지를 계속해서 낭비하게 된다.

그것보다는 판매에 적합한 제품을 찾거나 효과적인 마케팅 전략을 개발하는 데 충분한 시간을 투자해야 한다. 판매에 관한 모든 프로세스에 대해 충분한 시간을 가지고 진지하게 몰입해서 고민해야 하는데, 조급한 마음에 오히려 엉뚱한 곳에 시간을 낭비하게 된다.

내가 그랬었다. 다시 한번 말하지만, 요행은 없다.

마음이 조급하면, 될 것도 안 된다. 빠르게 수익을 내고 싶은 마음에 무리수를 둘 수가 있다. 나도 그랬다. 시즌성 제품에 손을 대보기로 한 것이다. 단기간에 빠르게 수익을 낼 수 있다고 들었기 때문이다. 시즌 제품은 본격적인 시즌이 시작하기 전에 모든 것이 준비되어 있어야 한다. 조금 늦게 시작한 나는 상위 노출은 못 하더라도 1페이지에라도 올라가기 위해 무리수를 둬야 했다. 이때 알았다. 시즌 제품은 키워드가 작더라도 경쟁이 어마어마하게 치열하다는 것을. 상품 순위를 올리기 위해 들어간 각종 마케팅 비용이 몇백씩 들어가고 있었다.

겨울 제품이었는데 날씨가 딱 추워지기 시작한 그날, 업체에서 전화가 왔다. 제품이 품절이고 더 이상 입고 계획이 없다고 말이다. 나는 정말 어이가 없었다. 분명 재고가 떨어지지 않게 조절할 거라고 했었는데…. 회사 사정을 정확히 몰랐던 영업사원의 말만 믿고 진행한 나의 잘못이다. 결국 나는 몇 날 며칠을 밤새며 직접 촬영하고 만들었던 상세 페이지와 몇백만 원의 마케팅 비용을 그냥 날리게 되었다. 돌아보면 나의 조급한 마음이 초래한 것이다. 조급하지 않았다면 단기간에 그렇게 많은 돈을 쏟아붓지 않았을 텐데 말이다. 시즌 상품을 하지 말라는 것이 아니다. 조급한 마음에 시작하지 말라는 것이다.

마흔, 폭풍성장으로 부의 추월차선에 올라타라

부정적인 사고방식과 자기 제한적 신념

안 될 이유를 찾는다. 막상 해보려니까 안 되는 이유가 너무 많다. 나는 시간이 없어서 안 되고, 내 제품이 아니라서 안 되고, 소싱이 안 되어서 안 되고, 이 제품은 마음에 안 들어서 안 되고, 사업자를 못 내서 안 되고, 세금 때문에 안 되고 등등…. 아직 일어나지 않은 일에 대한 걱정이 많고 안 되는 이유를 수백 가지도 만들려면 만들 수 있을 것 같다. 아직 시작하지 못한 많은 초보자들이 자기 의심의 사이클에 갇혀 성공할 수 없는 이유를 끊임없이 찾는다. 이러한 사고방식은 새로운 것에 도전하고 성장하는 데 큰 걸림돌이 될 수 있다. 나도 그랬었다. 3년 전의 나만 해도 세상에 안 되고 못 하는 이유는 수백 가지였다.

이 모든 것은 생각하는 방식에 달려 있었다

결국은 내 마인드였다. 생각하는 방식에 차이가 있었다. 나는 처음 무언가를 시작하려는 사람들에게 꼭 마인드에 관한 공부를 먼저 하라고 권하고 싶다. 내가 만약 돈 버는 기술에 대한 강의와 책만 봤다면 절대 지금의 성과를 이루지 못했을 것이다. 40년간 프로그래밍되어 자리 잡은 내 뇌의 상태를 알지 못하면, 결국 지금의 현재를 만든 과거와 똑같은 삶으로 똑같은 미래를 만들어갈 뿐이다.

초보자라면
레드오션으로 가자

무엇을 팔아야 할까?

1년 전, 마케팅 고수를 만난 적이 있다. 내가 어떤 수익 아이디어를 냈더니, 그분이 그랬다.

"대표님은 왜 자꾸 블루오션에 가려고 해요? 그러면 돈 못 벌어요. 레드오션을 가야지."

충격이었다. 내가 그동안 몸담고 있던 곳이 시장으로 보면 블루오션이었고, 그것도 레드오션으로 성장하지도 못하고 거의 죽다시피 한 분야들이었다.

우리는 보통 돈을 벌려면 블루오션을 찾아야 한다고 알고 있다. 경쟁이 덜 하기 때문이다. 하지만 블루오션은 찾기도 어렵고 개척하기도 어렵다.

나는 어찌 보면 항상 블루오션에 있었던 사람이다. 예술을 하면서도 항상 어디서도 시도하지 않은 새로운 것을 갈망했고, 그 결과 대중에게 생소한 인터랙티브 미디어아트라는 장르까지 가게 되었다.

지금 생각해 보면 인터랙티브 미디어아트는 예술 분야에서는 굉장한 블루오션이었다. 반면에 그림 시장은 오랜 역사가 있기에 완전한 레드오션이라고 볼 수 있다. 그런데, 사람들은 어디에 있는가? 예술을 소비하는 사람들은 대부분 그림 전시회를 가고, 그림을 산다. 반면에 미디어아트는 작품을 이해하기도 어렵기도 하지만 소장하기는 더 어렵다. 그래서 사람들은 레드오션에서 돈을 쓴다. 블루오션은 그저 신기하기만 할 뿐이다.

나는 그런 줄도 모르고, 작품이 크고 소장하기가 힘들어서 그렇다고 생각하여, 소품으로 소장이 가능한 작품들을 만들어 아트마켓에도 나가보았다. 하지만 반응은 다르지 않았다. 사람들은 '와, 신기하다!' 하면서도 돈은 쓰지 않는다. 옆에 가서 예쁜 그림은 돈을 내고 구매하지만, 처음 보는 신기한 작품에는 선뜻 돈을 쓰지 못한다. 이게 바로 레드오션과 블루오션이다.

물론 혁신적이고 창의적인 아이디어로 새로운 시장을 창출하여 블루오션에서 자리를 잘 잡으면 독점이 가능하지만, 초보자의 경우는 자리 잡지 못하고 사라지는 경우가 더 많다. 내가 있던 미디어아트 분야가, 남편이 하던 외식 메뉴가 여전히 자리를 잡지 못하는 것처럼 말이다. 특히나 초보자일수록 개인일수록 혼자서 블루오션을 개척하기란 쉽지 않다.

블루오션이 아니라 레드오션을 공략해야 한다는 것은 이미 많이 알려져 있다. 스마트스토어를 배울 때도, 유튜브를 배울 때도, 고수들은 레드오션에 진입해야 한다고 했다. 왜냐하면 그곳에 사람들이 모여 있고 거기서 트래픽이 발생하기 때문이라는 것이다.

그렇다면 레드오션 전략은 온라인에만 해당하는 걸까?

오프라인은 어떨까. 쉬운 예로 음식점을 낸다고 해보자. 아직 대중화되지 않은, 새로운 메뉴를 개발해서 오픈했다고 치자. 맛도 좋고, 가격도 좋다. 반면에 분식은 완전한 레드오션이다. 매출은 어디서 많이 날까? 당연히 레드오션인 분식이다. 사람들은 모르는 것에 선뜻 돈을 쓰지 않는다. 실패하고 싶지 않기 때문이다.

요즘은 음식점도 검색으로 찾아간다. 검색창에 김밥, 분식을 검색하기는 너무 쉽다. 하지만 내 음식을 검색할 사람은 거의 없다. 왜냐하면 모르기 때문에 검색조차 하지 않는다는 것이다. 남편 사업이 그랬다. 우리 부부는 둘 다 블루오션에서 어쩌다 지나가는 물고기를 잡기 위해 애쓰고 있었다. 저쪽 레드오션에 가면 뜰채만 휘둘러도 물고기를 잡을 수 있는데 말이다.

그래서 우리 같은 초보들은 레드오션으로 들어가야 한다. 그리고 그곳에서 고객들에게 눈에 띌 방법을 배워서 적용하면 된다. 나는 그 방법을 찾는다고도 하지 않는다. 배우면 된다. 그렇게 하나씩 실력을 쌓아가면 된다.

퍼플오션

요즘은 레드오션, 블루오션을 섞은 퍼플오션이라는 용어도 등장했다.

레드오션에서 발상의 전환을 통해 살아남는 경영전략을 퍼플오션이라고 한다. 레드와 블루가 만나면 퍼플이 되듯이, 레드오션에서 새로운 시장기회인 블루오션을 창출하는 전략을 말한다. 어쩌면 우리가 공략해야 할 곳은 퍼플오션이다. 레드오션 속에서 작은 블루오션을 찾아 그곳에서 우위를 점하면서 점차 점차 영역을 확대해 가는 것이다.

키워드

스마트스토어에서 상품을 판매하는데 레드오션과 블루오션은 어떻게 찾는가? 그것이 바로 키워드다. 감사하게도 네이버는 키워드 검색량 데이터를 제공하고 있기에, 누구나 쉽게 관련 사이트에 접속하면 데이터 확인이 가능하다. 키워드 검색량이 많을수록 짙은 레드오션이라고 보면 된다. 내가 판매하고자 하는 아이템에 대한 수요가 있는지 확인하는 데에는 키워드 검색량 조회가 필수다. 일단 사람들이 검색하고 있는지부터 확인해야 한다. 아무리 좋은 제품이라도, 그 제품을 찾기 위한 키워드가 없거나, 검색량이 너무 적다면 돈을 벌기는 어렵다. 초보자라면 최소 월간 검색량 3천~1만 사이의 키워드를 공략해보자. 온라인 셀러들이 많이 사용하는 몇몇 사이트를 소개해주겠다.

❶ 네이버 데이터랩

네이버에서 제공하는 다양한 데이터와 통계 정보를 한곳에서 볼 수 있는 곳으로, 분야별, 일자별, 연령별, 성별, 지역별 검색어 트렌드를 볼 수 있다.

 https://datalab.naver.com/

❷ 아이템 스카우트

아이템 스카우트라는 이름처럼 아이템을 발굴할 때 많이 사용하는 사이트로 알려져 있다. 사이트 내 〈키워드 분석〉 탭으로 들어가면, 키워드 검색량과 상품 수부터 판매 상위권의 6개월간 매출과 판매량, 연관 키워드까지 보여준다. 간단한 회원가입 후 사용가능하며, 웬만한 서비스는 무료로 사용이 가능하다. 나도 무료로 사용 중이다.

 https://itemscout.io/

❸ 판다랭크

키워드 분석, 키워드 찾기, 상품 분석, 상품 순위 등을 제공한다. 쇼핑몰 분석을 해주는 서비스가 있어 내 쇼핑몰 분석은 물론, 경쟁사 및 잘 팔리는 쇼핑몰도 분석해볼 수 있어 유용하다. 요즘은 생성형 AI 기능이 추가되어, 상품명부터 상세 페이지 초안까지 작성해주는 서비스가 추가되었다. 간단한 회원 가입 후 이용 가능하며, 무료로도 웬만한 서비스 이용이 가능하다. 자세한 건 사이트에서 확인.

 https://pandarank.net/

❹ 키워드마스터

조회하고자 하는 키워드의 검색량은 물론 발행된 블로그 문서 수와 상위 블로그 링크까지 제공한다. 제품 판매를 위한 블로그 작업 시 참고할 만하다. 위 링크에 들어가면, 키워드마스터뿐만 아니라, 셀러마스터, 스토어 판매량 분석까지 다양한 서비스 사용이 가능하며, 별도 회원 가입이 필요없이 이용이 가능하다.

 https://whereispost.com/keyword/

❺ 키워드 검색량 조회

다른 기능 없이 말 그대로 키워드 검색량만 조회해 주는 서비스다. 원하는 키워드를 입력하면 해당 키워드를 포함한 연관 키워드를 추출해주고 각 PC, 모바일 검색량을 나타내준다. 단순히 키워드 검색량만 조회할 때 가장 심플하게 사용하기 좋다.

 http://www.surffing.net/

집 안의 보물을
찾아보자

스마트스토어를 시작할 때 가장 어려운 부분은 무엇보다 소싱이다. 온라인 판매에서 소싱이란, 판매할 제품을 찾는 과정을 말한다. 즉, 무엇을 팔 것인가를 결정하는 부분이다. 사실, 스마트스토어를 운영하는 기술적인 방법을 배우는 것은 어렵지 않다. 개설하는 법, 설정하는 법 등은 어디에서나 배울 수 있으며, 시간이 걸려도 하나하나 따라 하다 보면 누구나 할 수 있다. 문제는 그래서 무엇을 팔 것이냐이다.

많은 사람이 여기서 멈춘다. 나도 그랬다. 제일 처음 스마트스토어에 도전해 보기로 한 것은 2021년이다. 수입이 제로인 상태에서 큰맘 먹고 강의에 약 30만 원이라는 돈을 투자했다. 수업의 앞부분은 스토어 운영 관련한 기술적인 부분이어서 따라갈 만했다. 하지만, 문제는 소싱파트였다. 판매할 제품을 선정해야 다음 수업 진도를 따라

갈 수 있는데, 무엇을 팔아야 할지 전혀 감이 오지 않았다.

수업 시간에는 어떤 상품을 팔아야 하는지 구체적으로 알려주지 않았다. 갑자기 '예를 들어 철봉이라는 제품을 판다고 해봐요.' 하면서 갑자기 철봉이 등장한다. 왜 어떤 근거로 철봉을 선택했는지에 대한 설명도 없다. 알고 보니 이 철봉은 유튜브 신사임당 채널 속 창업 다마고치 코너에서 다루었던 제품이었고, 당시 스마트스토어 강사들은 그 사례를 가지고 강의를 하고 있었던 것이었다. 그러다 보니 어디서부터 제품을 찾아야 할지 감이 오지 않았고, 제품을 정하지 못하니 그 뒤로 진행된 수업은 하나도 따라갈 수가 없어 답답할 뿐이었다. 나는 그렇게 스마트스토어를 포기하고 말았다.

스마트스토어를 포기하고, 유튜브로 돈을 벌어보기로 했다. 또 한 번 큰 결심을 하고 강의 결제를 했지만, 유튜브 주제를 정하는 데에서 정체되어 진도를 못 나가고 또다시 포기하고 말았다. 스마트스토어도 유튜브도 일단 돈을 벌 수 있다고 해서 도전해보기로 했으나, 내 상품, 내 콘텐츠가 없는 상태에서 시작하는 것은 너무나 어려운 일이었다. 그리고 내 상품, 콘텐츠가 있다고 하더라도 모두 잘 팔리는 것은 아니기에 팔리는 제품을 찾는 것이 가장 중요했다.

우리는 앞 장의 내용을 통해 초보자라면 우선 레드오션으로 가야 함을 알았다. 그리고 그 레드오션은 키워드 검색량으로 파악하면 되며, 그중에서도 초보자인 우리는 월 3천에서 1만 건 사이의 키워드를 공략해보자고 했다.

그런데 카테고리도 제품도 키워드도 너무 많다. 월 3천에서 1만 건 사이의 키워드도 너무 많고, 수많은 카테고리 중 어디를 선택해야 할지 감도 안 오는 것이 현실이다. 나 역시 이 부분이 너무 어려웠다. 사실 당장 돈은 벌고 싶었지만, 딱히 팔고 싶은 제품이 없었던 것도 사실이다. 하지만 이것은 내게 판매 경험이 하나도 없었기에 느껴지는 당연한 반응이었으니, 당신이 만약 그때의 나와 같은 마음이더라도 걱정하지 않아도 된다.

욕망, 욕구, 불편함

《브랜드 설계자》의 저자 러셀 브런슨은 모든 제품은 세 가지 핵심 시장 혹은 욕망을 통해 판매된다고 한다. 세 가지 욕망은 건강, 부, 관계이며, 고객은 제품이나 서비스를 구입하여 삶에서 이들 세 영역에 있는 특정 열매를 얻으려 한다고 설명한다.

욕망, 욕구하면 또 떠오르는 것이 바로 매슬로의 욕구 이론이다. 매슬로는 인간의 욕구를 다섯 가지 단계로 나누었으며, 그 계층은 아래에서부터 위로 다음과 같다.

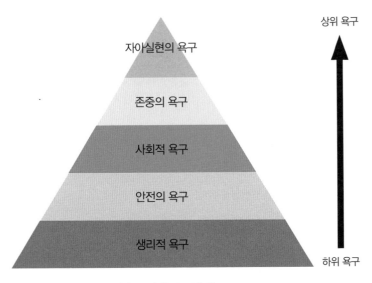

상위 욕구

하위 욕구

자아실현의 욕구

존중의 욕구

사회적 욕구

안전의 욕구

생리적 욕구

매슬로의 욕구 5단계

《사장학개론》의 김승호 회장님은 새로운 사업을 찾는 방법에 대해 불편함을 개선하는 모든 것이 사업이라고 말한다. 세상이 존재하는 한 세상은 계속해서 변할 것이며, 그것은 새로운 사업을 끊임없이 만들어내고 있는 것이라고 말한다. 살면서 한 번도 불편함을 느끼지 않고 살아온 사람은 없으며, 그런 의미에서 살면서 느꼈던 불편한 무엇이 하나라도 있다면 우리 모두는 사업가가 될 수 있다고 말한다.

어떤가? 조금 감이 오는가?

불편함, 욕구, 욕망은 서로 밀접하게 연관되어 있다. 인간은 불편함을 해소하고자 하는 본능을 가지고 있다. 불편함은 욕구를 자극하는 원동력이 된다. 욕구가 충족되기 위한 구체적인 방향이나 대상을 결정할 때 욕망으로 발전할 수 있다. 즉, 기본적인 욕구가 어떻게 충족될 것인지에 대한 개인의 선호나 선택이 욕망을 형성한다.

예를 들면 먹는 것에 대한 기본적인 욕구가 특정 맛있는 음식이나 품위 있는 식사 경험과 같은 욕망으로 구체화할 수 있다. 욕망이 강할수록, 그 욕망이 충족되지 않았을 때 느끼는 불편함의 정도도 커진다. 이는 욕망이 충족되기를 갈망하게 만들며, 그 과정에서 불편함을 경험할 수 있게 된다.

당신이 불편함을 느끼는 부분은 무엇인가? 한번 생각해 보자. 아마도 기본적인 욕구와 연관이 있을 것이다. 그리고 그것이 러셀 브런슨이 말한 건강, 부, 관계의 욕망과 연결되고, 그것을 해소해 줄 수 있는 아이템이 있다면 판매해 볼 만하다. 이렇게 생각의 초점만 잡아줘도 제품을 찾는 과정이 수월해진다.

혹시, 당신의 불편을 해소하기 위한 당신만의 꿀템이 있지 않은가? 나에게는 그런 제품이 하나 있었다. 처음부터 그 제품을 팔아야겠다고 생각한 것은 절대 아니다. 애초에 집에 있는 물건 중에 팔만한 것을 찾아볼 생각도 못 했으며, 팔 만한 것이 있을 것이라고 상상도 못했다.

하루는, 제품 소싱을 위해 한 박람회 사전등록을 하고 있었다. 그

박람회는 건강과 미용에 관련한 박람회였다. 사전등록을 마치고 문득 내 머리를 스치는 무언가가 있었다. '우리 집에도 이런 게 하나 있는데?' 나는 당장 거실 팬트리에 있는 제품을 꺼내왔다. 그것은 내가 10여 년 전부터 여기저기 관절이나 근육 통증이 있을 때마다 사용해오던 제품이었다. 당시 체형 교정센터 원장님의 강력 추천으로 구매했던 제품인데, 효과가 좋아서 10년이 넘도록 이사 다닐 때마다 고이고이 모셔다니던 제품이었다.

나는 용기를 내어 업체에 전화를 걸었다. 10년 이상 사용해 왔기에 제품에 대한 이해와 신뢰도가 형성되어 있었기에 흔쾌히 위탁판매를 따낼 수 있었고, 이 제품은 1년이 넘도록 꾸준한 수익을 안겨주고 있다. 내가 이 제품을 처음 알게 된 시점이 2010년 정도였다. 그때 구입한 이 제품이 10년이 넘어서 내게 수익을 가져다줄 효자상품이 될 줄 누가 알았을까?

"기회는 늘 가까이에 있다"는 말이 있다. 그리고 "인연은 항상 가까운 곳에 있다"는 말도 있다. 이러한 말들은 우리 주변에 기회와 인연이 넘쳐난다는 것을 알려준다.

나의 불편함을 해소하려 할 때, 나의 욕망과 욕구를 자세히 들여다보면 그 안에서 기회를 발견할 수 있을 것이다.

누구나 하는 너무 뻔한 말 같지만, 직접 경험한 후에는 이러한 '뻔한' 진리를 인정하지 않을 수 없다. 그동안은 관심이 없어 보이지 않앉을 뿐, 실제로는 우리 주변에 기회가 가득하다. 이제부터라도 관심을 갖고 주변을 둘러보기를 바란다. 당신의 집 안에도 보물이 숨겨져 있을지 누가 아는가?

내가 아닌 다른 사람의 불편함을 해소하는 것 역시 좋은 시도이다. 그러나 직접 경험하지 못한 불편함에 대해서는 깊이 이해하기가 어려울 수 있다. 물론, 판매와 마케팅에 능숙해진다면 이 또한 잘 해내겠지만, 시작 단계에 있는 초보자의 경우라면 자신이 잘 아는 분야에서 시작하는 것이 더 효과적이다. 자신의 경험과 지식을 바탕으로 한 접근은 보다 진정성 있고 실질적인 해결책과 도움을 제공할 수 있기 때문이다.

자, 이제 집 안의 보물을 찾아보자.

• 당신의 불편함을 해소해주는 나만의 꿀템이 있는가?
• 그것은 어떤 불편함을 해소해주는가?
• 그 불편함은 어떤 욕구에서 비롯된 것인가?
• 그 욕구는 어떠한 욕망과 연결되는가?

돈 벌고 싶다면
투자는 필수다

"세상에 공짜는 없다."

이 말은 아이러니하게도 돈이 없어 돈을 벌고자 할 때에도 적용된다. 내가 온라인 비즈니스를 도전해 보기로 한 계기 중 하나가 바로 무자본으로도 가능하다는 점이었다. 보통의 비즈니스는 투자 비용이 많이 드는데, 온라인은 무자본으로 가능하다는 것이다. 그러나 직접 해보니 글자 그대로의 '무자본'으로는 어렵다는 것을 깨달았다. 무자본은 아니지만 소자본으로는 가능하니, 어느 정도 비용이 들어간다는 것을 미리 인지하고 시작하기를 바란다.

주식과 코인, 부동산으로 많은 돈을 번 사람들이 많다. 그런데 이 방법으로 부를 축적하기 위해서는 투자가 선행되어야 한다. 돈을 벌기 위해서는 먼저 돈을 써야 한다는 것이다. 돈뿐만 아니라 우리의 시간과 에너지 또한 소중한 투자 대상이다. 중요한 것은 비용을 투자

하면 시간과 에너지를 줄일 수 있고, 비용 투자를 하지 않으면 나의 시간과 에너지를 더 많이 써야 한다. 그래서 세상에 공짜는 없다는 말이다.

특히나 마흔 이후라면 비용 투자가 우리의 시간과 에너지를 절약해주는 지름길이다. 이삼십 대는 시간도 여유롭고 에너지도 좋다. 며칠 밤을 새워도 일상생활에 지장이 없고, 시도하다 실패해도 다시 시작할 수 있는 시간적 여유도 충분하다. 하지만, 나와 같은 사십 대 엄마라면 다르다. 엄마는 밤새워 일하고 아침 늦게까지 잘 수도 없고, 특히나 아이가 어릴수록 엄마는 아파서도 안 된다. 엄마가 일에 집중할 수 있는 시간은 아이가 어린이집이나 학교에 있는 시간이 유일하다. 우리는 이 주어진 시간과 에너지를 잘 분배하여 성과를 이뤄야 한다. 그러기 위해서는 비용 투자가 필수다.

배움에 투자해라

지금 온라인에는 무료 정보가 넘친다. 유튜브만 들어가도 '이걸 다 알려준다고?' 싶을 정도의 유료급 무료 강의도 넘친다. 내가 처음 온라인 강의를 결제한 것은 남편 사업을 돕기 위해 선택한 인스타그램 마케팅 수업이었다. 사실, 유료 강의를 결제하기 전까지 유튜브에서 정말 많은 영상을 찾아봤다. 유명한 채널부터 구독자가 몇 없는 채널까지 알고리즘에 뜨는 영상은 물론, 맘에 드는 영상이 있으면 그

채널에 있는 다른 영상들까지 다 보았다.

하지만 결국 유료 강의를 찾아 결제했다. 온라인에서 무료로 접한 정보들은 아무리 유료급이라고 하더라도 정리가 되지 않는다. 여기저기 알고리즘이 계속해서 추천 영상을 띄워주는데 제목이 클릭하지 않고는 못 배기게 생겼다. 그러다 보면 계속 새로운 영상들만 쫓아다니게 되고 정작 머릿속에 남는 것은 없고 시간만 허비한 꼴이 되고 만다.

하지만, 유료 강의는 일단 비용을 지불한 만큼 그 내용에 더 가치를 두고 집중하게 된다. 특히, 녹화 강의가 아닌, 라이브 강의라면 정해진 시간을 지켜야 하고 강사와의 피드백을 주고받을 수 있기에 강의 자체에 대한 중요도가 올라간다. 또한 유튜브처럼 정보가 흩어지지 않고, 커리큘럼대로 따라갈 수 있다 보니 같은 시간과 에너지를 투자했을 때 훨씬 많은 지식과 정보를 내 것으로 만들 수 있다.

또한, 여유가 된다면 1:1 컨설팅이나 코칭 프로그램에 비용을 지불해보는 것도 추천한다. 비용이 만만치는 않지만, 비용을 내고 한 전문가의 시간을 살 수 있다는 것만으로도 엄청난 기회이다. 컨설팅을 통해 그가 오랜 시간 쌓아온 경험과 노하우를 배우고 인사이트를 얻을 수 있다면 충분한 가치가 있기 때문이다. 다수를 대상으로 한 강의는 수강자들의 평균에 맞출 수밖에 없다. 하지만 1:1 수업은 100% 맞춤형이기에 더 빠른 성과를 낼 수 있다.

성공한 많은 사람들이, '지금 내가 바닥부터 다시 시작한다면 무엇을 하겠는가?'라고 했을 때 대부분이 배우는 것에 투자를 아끼지 않겠다고 했다. 우리는 돈을 벌기 위해 배운다. 즉, 배움에 투자한 돈은 더 큰 수익으로 회수된다는 것이 전제조건이다.

같은 시간과 에너지가 있다면 배우는 데는 비용으로 그 시간과 에너지를 아끼고, 실행하는 데에 시간과 에너지를 더 쓰는 쪽이 낫다는 것이다.

처음에는 강의에 대한 비용 지출이 어려웠다. 무료 강의만으로도 충분히 배울 수 있다고 자신하며, 유료 강의 비용을 아끼고 싶었다. 그러나 웬만한 의지력이 아니고서는 힘들다는 사실을 깨달았다. 의지력은 에너지를 의미한다. 내게 주어진 시간과 에너지만으로는 한계가 있음을 인정해야 했다.

결국, 나는 유료 강의를 결제하기로 했다. 강의 금액은 몇만 원에서부터 수백만 원에 이르렀고, 초기에는 생활비를 제외한 거의 모든 재산을 배우는 데에 투자했다. 그중에는 만족스러운 강의도 있었고, 기대에 못 미치는 경우도 있었다. 그럼에도 불구하고 확실한 것이 있다. 바로 이러한 과정을 통해 나는 엄청난 성장을 이뤘다는 사실이다.

지금의 나를 돌아보며 자신 있게 말할 수 있다. 배움에 대한 투자가 없었다면 지금의 내가 존재하지 않았을 것이라고. 이 경험은 나에게 배움과 성장을 위한 투자의 중요성을 깊이 깨닫게 해주었다.

스마트스토어 얘기를 하다가 갑자기 웬 투자 얘기인가 싶을 수 있지만, 무엇을 하든 성과를 내기 위해서는 선 투자가 필수라는 말을 하고 싶었다. 스마트스토어뿐만 아니라 유튜브, 인스타그램, 블로그 등으로 빠르게 성과를 내기 위해서는 우선 잘 배워야 한다. 이미 잘하는 사람들이 그들의 노하우를 알려주고 있는데, 혼자서 하나하나 해보며 시행착오를 겪을 필요가 없다는 것이다.

즉, 스마트스토어를 하는 데 무자본이란 없다. 시작하는 데에 있어 첫 번째 투자는 바로 배움이다. 책도 보고 유튜브도 찾아보지만 꼭 유료 강의를 듣기를 바란다. 가능하면 녹화영상으로 배우는 것이 아닌 실시간 라이브 강의를 추천하며, 강사의 피드백을 받을 수 있는 강의를 추천한다. 거기에 1대1 컨설팅이나 코칭을 받을 수 있다면 강력 추천하는 바이다. 이는 당신의 시간과 에너지를 줄여줄 것이며 더 빠른 수익으로 보상을 안겨줄 것이다.

제품 소싱도 투자 대상이다

첫 번째로 강의에 투자했다면, 다음은 제품을 소싱하는 데에 비용이 든다. 한 번도 써보지 않은 제품을 판매하기란 쉽지 않다. 물론, 도매 사이트에 올라와 있는 제품의 이미지와 설명만으로도 얼마든지 상품 등록이 가능하지만, 내가 추천하는 것은 팔리는 제품을 제대로 팔아보자는 것이기에 웬만하면 샘플 하나 정도는 구매해 보기를 바란다. 소싱을 위해 많은 셀러들이 박람회에 방문한다. 주로 서울에서 규모 있는 박람회가 열리기 때문에, 지방에 산다면 교통비와 시간도 투자 대상이다. 그리고 다른 지방에 있는 제품 업체와의 미팅이 필요한 경우도 발생할 수 있으니 이 또한 염두에 두어야 한다.

상세 페이지와 섬네일에 신경 쓰자

제품 소싱을 마치고 나면 상품 등록을 위한 상세 페이지와 사진촬영을 진행해야 한다. 물론 업체가 제공하는 상세 페이지와 제품 이미지가 있을 수 있지만, 다른 셀러들과 차별화를 주기 위해 새로 제작하기 바란다. 디자인과 사진 촬영에 소질이 있다면 직접 할 수 있겠지만, 그렇지 않은 경우라면 이 또한 비용 지출이 필요하다.

요즘은 미리캔버스나 망고보드 같은 서비스를 통해 손쉽게 상세 페이지 제작이 가능하다고는 하나, 기존에 포토샵 같은 이미지 편집 툴을 사용해보지 않은 사람이라면 여전히 어렵기는 마찬가지다. 많은 사람들이 누구나 쉽게 할 수 있다고 말하지만, 그건 컴퓨터에 능숙한 이삼십 대들이 하는 소리인 것 같다. 미리캔버스를 배워서 직접 만들든가, 혹은 크몽에서 전문가에게 맡기는 것도 방법이다.

제품 촬영은 스마트폰이면 충분하다. 하지만 그냥 찍는 것과 잘 찍는 것은 다르다. 잘 찍은 사진은 제품의 신뢰도를 높여주기에 가능하면 신경 써주는 것이 좋다. 요즘은 퀄리티 있는 다양한 AI 이미지 편집 프로그램들이 등장해서 조금만 배우면 멋지게 연출된 제품 이미지도 손쉽게 만들 수 있으니 꼭 이용해 보기 바란다.

초기 마케팅 비용도 고려

상품 등록 후에는 초기 마케팅 비용도 생각해야 한다. 광고를 돌리라는 것이 아니다. 어차피 판매도 이루어지지 않은 상품을 광고만한다고 해서 팔리는 것도 아니기 때문이다. 우선 사람들이 내 제품에 대해 알 수 있게 하는 초기 마케팅 세팅을 위한 비용 지출도 생각해야 한다.

대략 예산을 잡아보면 '강의료 50~100만 원+샘플 구매비용 30만 원+박람회 교통비 20만 원+상세 페이지 디자인 외주 최소 30만원+초기 마케팅 비용 50만 원+α=총 180~230만 원+α'의 초기투자금이 필요하다. 이 중에서 어떤 부분은 절약될 수도 있고, 어떤부분은 추가될 수도 있다.

하지만 처음 시작할 때 '이 정도 비용은 들겠구나' 하고 알고 시작하는 것과, '무자본으로 가능하니까 돈이 하나도 들지 않겠지!'라고생각하고 시작하는 것은 매우 큰 차이가 있다. 무자본으로 알고 시작하면, 그 과정에서 발생하는 모든 결제 과정에서 머뭇거리게 되고 결국 실행력을 떨어트리게 된다. 그렇게 해서는 그 어떤 것도 얻어낼 수없다.

그래서 나는 "누구나 0원으로 시작할 수 있습니다!"라는 말 따위는 하지 않겠다! 최소 150만 원 이상은 투자할 각오로 시작하기를 바란다! 오프라인 매장은 최소 5천만 원에서 1억 이상이다. 열어서 망하면 1억 손해다. 하지만 온라인은 150만 원이면 한번 해볼 수 있다. 그러니 겁먹지 말고 한번 해보자!

스마트스토어, 결국은
마케팅이 핵심이다

스마트스토어는 무엇이 가장 중요할까? 결론부터 말하자면 마케팅이다. 스마트스토어 하는 방법, 좋은 상품, 멋진 상세 페이지와 제품 사진. 이 모든 것이 준비되어 있어도 마케팅을 모르면 당신은 스마트스토어로 돈 벌기 어렵다. 블로그, 유튜브, 인스타그램과 같은 SNS는 구독자나 수익과 상관없이 개인의 공간으로도 사용할 수 있다. 하지만, 스마트스토어는 그 자체로 온라인 판매라는 목적이 뚜렷한 플랫폼이다. 그 누구도 스마트스토어를 개인적인 기록의 공간으로 쓰는 사람은 없다는 것이다. 즉, 스마트스토어를 하겠다는 것은 어떤 물건을 판매하고 거기서 수익을 내겠다는 뜻임을 기억해야 한다.

그리고 우리는 제품 판매를 위해 할 수 있는 모든 수단을 동원해야 한다. 그것이 바로 마케팅이다. SNS도 잘하려면 마케팅을 알아야 하는데, 스마트스토어를 하면서 마케팅을 하지 않겠다면 논리가 맞지 않는 셈이다.

《부자 아빠 가난한 아빠》에서 로버트 기요사키는 마케팅과 세일즈 기술을 가장 중요한 전문 기술이라고 했다. 우리는 스마트스토어 운영을 하면서 이 기술을 익혀야 한다. 스마트스토어는 일단 수많은 경쟁 상품 중에서 클릭을 받아야 한다. 그것이 첫 번째 관문이다. 우선 클릭하고 들어와야 고객들이 내 상세 페이지를 볼 수 있기 때문이다. 그리고 상세 페이지에서는 고객을 설득해서 구매로 전환시켜야 한다.

이 과정은 모든 온라인 비즈니스가 동일하다. 유튜브, 인스타그램, 블로그 역시 동일하다. 섬네일과 제목으로 고객의 시선을 사로잡아야 한다. 그리고 마침내 클릭을 받았을 때는 고객이 기대하고 원하는 것을 제공해 줘야 한다. 그것이 상품 판매를 위한 목적이라면 고객의 문제점을 해결해 줄 수 있는 해결책으로 당신의 상품과 서비스를 제안해야 한다.

나는 스마트스토어는 물론, 인스타그램, 유튜브, 쿠팡 파트너스(블로그), 네이버 카페 비즈니스, 오픈 톡방 비즈니스까지 정말 다양하게 공부했다. 그리고 그것들은 결국 하나의 단어로 귀결되었다. 바로 마케팅이다. 결국은 마케팅이다. 내가 약 3년 동안 공부하고, 지금도 배우고 있는 것이 바로 마케팅이다. 시대가 빠르게 변화하고, AI와 같은 새로운 기술도 빠르게 발전하고 있기에 끊임없이 배우고 바로 적용해야 하는 것이 바로 마케팅이다.

마케팅을 모르면 호구 당한다

마케팅 업체도 많은데 대행을 맡기면 안 되나?

충분히 그렇게 생각할 수도 있다. 나 역시 남편 사업의 SNS 마케팅을 위해 업체를 알아보기 시작했다. 크몽에서 성실해 보이는 몇몇 업체들과 상담을 진행해 봤는데 결론은 직접 하는 것이었다. 이 세상 그 누구도 나만큼 내 비즈니스에 진심인 사람은 없음을 상담을 통해 알 수 있었다. 업체가 제공하는 서비스는 그들이 시스템화 해둔 틀 안에서 이루어지기에 형식적인 보여주기에 그치는 것이라고 생각하면 된다. 경우에 따라서는 형식적으로 그럴싸하게 보이는 작업이 필요하기도 하다. 하지만, 실질적으로 내 제품을 알리고 홍보하기 위한 노출을 기대한다면 직접 하는 것이 최선이다.

기술적으로 직접 하는 것이 힘들다 하더라도, 마케팅은 배워야 한다. 내가 마케팅을 잘 알아야 제대로 된 업체 선정이 가능하며, 원하는 조건도 디테일하게 요구할 수 있기 때문이다. 마케팅을 모르면 마케팅 업체의 화려한 설득력에 넘어가 호구 잡히기 딱이다. 남편도 블로그 마케팅 업체에 당했고, 주변에서 이러한 사례는 특별하지도 않을 정도로 많다. 마케팅 업체는 마케팅으로 돈 버는 곳이다. 그들에게 우리 같은 초보 사업자들은 가장 쉬운 고객임을 명심해야 한다.

내가 이렇게 말하는 이유는, 스마트스토어 개설을 하고 첫 번째 제품 등록을 마치고 나면, 그다음 날 수많은 전화가 걸려 올 것인데

모두 믿고 거르라는 말을 해주기 위해서다. 할 수 있다면 그날 하루
는 모르는 번호로 걸려 온 전화는 받지 않는 것을 추천한다.

전화의 패턴은 이렇다. 보통은 지역 초기 창업 지원 사업이라면서
나에게 상위 노출을 위한 다양한 서비스를 제공해 준다는 말을 늘어
놓을 것이다. 그러면서 초기 비용이 하나도 들지 않는다고 말할 것인
데, 끝까지 가다 보면 월 얼마인 것을 연 얼마에 해주겠다며 비용을
요구하는 것이 패턴이다. 1년에 150만 원 정도면, 한 달에 약 12만
원 꼴이기에 부담 없다는 생각에 덜컥 계약하는 경우를 많이 봤다.

이 업체들 중에는 진짜 사기꾼도 있지만, 매출에 효과 없는 형식
적인 블로그 글만 발행해 주는 경우가 대부분이라고 보면 된다. 어
떤 업체는 네이버에 자신의 회사명을 검색해 보라고 하고, 뉴스 발행
된 기사를 보라고 하면서 신뢰감을 주려고 할 것이다. 이 또한 믿으
면 안 된다. 마케팅에 대해 조금만 알아보면 이 또한 얼마든지 자비
로 가능함을 알게 될 것이니 말이다.

온라인 마케팅 세상을 알면 알게 될수록, 마케팅 꾼들이 얼마나 많
으며 이들이 어떤 방식으로 고객을 끌어모아 판매를 일으키는지 보는
눈이 생긴다. 마케팅을 배우고 난 후 전에는 보이지 않던 것들이 보이
기 시작했다. 온라인상에서 우리가 접하는 모든 것들이 철저히 계산
된 마케팅에 의한 각종 장치이었음을 알게 되었다. 마케팅을 알기 전
에는 그저 소비자 입장에서 끌려다녔다면 이제는 그들의 마케팅 방식
을 관찰하고 나에게 어떻게 적용할 수 있을지 분석하는 수준에 이르

렸다. 온라인에는 마케팅꾼들이 넘쳐난다. 여기서 살아남기 위해서는 그들의 방식을 배우고 이해해서 따라 할 수 있어야 한다.

우연히 누군가 내 제품을 찾아주고, 그것이 너무 좋아서 알음 알음 입소문을 타면서 유명해지는 시대는 지났다. 적극적인 홍보와 마케팅이 필수다.

내 상품도 아닌데 마케팅에 투자해야 하나요?

그래서 마진이 높은 제품을 판매해야 한다

위탁 판매를 시작하는 초보 셀러들에게 가장 많은 제한 신념이 작용하는 부분이다. 내 제품도 아닌데, 남의 제품 판매에 마케팅 비용을 투자한다는 것이 선뜻 내키지 않는다는 것이다. 여기서 이 모든 걸 헷지할 수 있는 조건이 바로 마진이다.

《부의 마스터키》의 저자 댄록은 마진율에 대해 이렇게 말한다.

"마진율이 낮다는 것은, 당신이 엄청나게 불리한 입장이 된다는 것이다. 필요한 자재를 제대로 확보할 수 없으며, 숙련되고 재능 있는 사원을 고용할 수도 없다. 심지어 스스로를 건사하는 것조차도 힘들어진다. 이러한 사업은 오래 하기 힘들고, 확장도 불가능하며, 당신을 매우 위험한 위치에 놓이게 한다."

그는 이윤과 마케팅 비용의 상관관계를 근거로 우리가 고가의 상품을 판매해야 하는 이유에 대해 말한다. 그에 따르면, 제품 하나당 이윤이 곧 새로운 고객 1명을 유치하는 데 쓸 수 있는 마케팅 예산이라는 것이다. 제품 하나를 판매해서 1만 원이 남는다면, 새로운 고객 1명을 유치하는 데 1만 원까지 마케팅 비용 지출이 가능하다는 것이다. 1만 원 이상이 들어가게 되면 손해를 보게 되니 말이다.

아무리 적은 비용으로 온라인 마케팅을 진행한다고 해도 기본적으로 들어가는 최소한의 비용이 있다. 정말 최소로 잡고 월 10만 원이라고 가정해 보자. 그런데 내가 제품 한 개를 판매하고 남는 마진이 예를 들어 3천 원 정도라면 당신은 과연 그 10만 원짜리 마케팅에 선뜻 비용을 지출할 수 있겠는가? 제품 34개 이상을 팔아야 그때부터 순이익인데, 그마저도 제품 하나당 마진이 3천 원에 그친다면, 그 이상 추가적인 마케팅이나 에너지를 투자하는 데에 소극적으로 될 수밖에 없다.

반면에 제품 하나당 마진이 10만 원이라고 하면, 10만 원짜리 마케팅 비용은 쉽게 결정할 수 있다. 두 번째 판매부터는 순이익이 생기기 때문이다. 그렇게 되면 다양한 마케팅 시도에 투자할 수 있는 여유가 생긴다. 만약 50만 원을 투자했다고 치면, 5개 이상부터는 순이익이기 때문이다. 그리고 추가로 10대만 판매가 이루어져도 순이익은 100만 원이다. 마진이 크면 클수록 유리해진다. 위탁이면 어떤가? 마진이 높다면 마케팅 비용은 고민거리가 되지 않는다. 게다가 위탁제품도 나만의 가치를 더해 브랜딩한다면 전혀 문제 될 것이 없다.

나는 가능하면 최소 10만 원 이상의 제품을 판매하라고 조언해 준다. 보통 마진율이 25~30% 정도라고 하면 제품 한 개 판매당 2~3만 원의 이윤을 얻을 수 있으니 해볼 만하기 때문이다. 나는 마진 5만 원 이상의 상품을 판다. 그러다 보니 초기 마케팅 비용을 투자하는 데 적극적일 수 있었다. 제품 몇 개만 팔면 마케팅 비용을 회수할 수 있었기 때문이다. 실제로 제품 판매 첫 달 만에 초기 투자 비용을 모두 회수할 수 있었다.

판매했던 제품 중에 마케팅만 하다가 업체 생산 중단으로 실제 판매는 거의 하지도 못하고 내려야 했던 제품이 있다. 당시 초기 마케팅 비용에 약 200만 원 정도를 투자했는데, 제품의 마진이 높지 않았다면 절대 시도할 수 없었을 것이다.

마진은 마케팅 비용에 큰 영향을 준다. 마케팅 비용이 많이 들수록 더 많은 고객을 유치할 수 있고, 돈을 벌 수 있으며 내 사업을 지속할 수 있는 것이다.

마진 5천 원짜리 제품 1,000개를 파는 것과, 마진 5만 원짜리 제품 100개를 파는 것의 시간과 에너지는 10배 차이다. 이익은 같지만, 시간과 노동력은 마진 5천 원짜리 제품에 10배 더 들어간다. 재고관리부터 주문관리, 포장, 배송, CS까지 10배다. 그러니 마진이 높은 제품을 판매하자.

스마트스토어는
단지 과정일 뿐이다

나에게 스마트스토어는 과정일 뿐이다.

당신도 그렇게 생각했으면 좋겠다. 나의 최종 목표는 스마트스토어로 몇천 벌기, 몇억 벌기가 아니다. 나의 최종 목표는 1,000억 이상의 돈을 번 부자가 되어 내가 사랑하는 가족과 내가 원하는 곳에서 행복하고 풍요롭게 사는 것이다. 나는 지금 그 과정에 있다. 스마트스토어도 그 과정 중 하나일 뿐 이것이 목표이거나 목적이 아니다. 스마트스토어 전문가는 많다. 10년 이상 온라인 판매를 해온 사람, 마케팅 전문가, 제조업, 유통업 등 다양한 전문가들이 각자의 방식으로 온라인 판매, 스마트스토어 판매법을 알려주고 있다. 그들의 실력에 비하면 나는 명함도 못 내민다. 그럼에도 내가 이렇게 나의 스토어 판매 경험을 통한 성장 과정을 나누고자 책을 쓰고 있다.

나도 방황하는 시절이 있었다. 집에서 어린아이를 키우는 나도 뭔가 해내고 싶었다. 삼사십 대 여성들이 가장 많이 하는 블로그, 인스타그램도 해볼까 했지만 나와 맞지 않았다. 매일매일 콘텐츠를 발행하고 블로그 이웃과 인스타 팔로워와 소통해야 하는 방식이 내게는 맞지 않았다. 일상에서 매일매일 콘텐츠를 발행한다는 것이 생각보다 어렵고 부담스러웠다. 보여줄 만한 살림 노하우가 있는 것도 아니고, 전달하고 싶은 메시지도 없었다.

블로그와 인스타그램의 수익 모델도 나에게는 너무나 멀게 느껴졌다. 블로그를 열심히 해서 점차 블로그 지수가 올라 최적화 블로그가 되면, 광고를 받을 수 있다고 한다. 인스타그램을 잘 키우면 공동구매를 통해 수익을 낼 수 있다고 한다. 공동구매를 하는 사람은 많은 것 같은데, 얼마나 파는지는 잘 모르겠다. 그리고 얼굴 없이 인스타를 운영하면서 공동구매까지 잘하는 사람은 찾기가 힘들었다. 지금은 수익 모델이 훨씬 많아졌지만, 내가 처음 온라인에서 돈 벌기를 배우기 시작했을 때는 이 두 가지가 대표적이었다.

무엇이 맞고 틀린 것은 없다. 각자 자신에게 잘 맞는, 더 잘할 수 있는, 더 재밌게 할 수 있는, 더 끌리는 분야가 있을 뿐이다. 나에겐 그것이 스마트스토어였다. 나는 내가 누구인지 드러내지 않고 돈을 벌고 싶었다. 지인 장사가 아닌 진짜 고객을 대상으로 돈을 벌어보고 싶었다.

믿고 따라갈 만한 강사를 찾고 싶었으나 쉽지 않았다. 피드백을 받을 수 없는 유명 강사의 VOD 강의, 매일매일 상품을 찾아 올리는 닥등 방식, 유통만 몇 년씩 해오던 대표님의 유튜브 강의, 20살 대학생도 금방 월 천만 원 만들었다고 해서 들어가 보니 역시나 쉬운 건 하나도 없었다. 나에겐 나처럼 어린아이를 키우는 사십 대면서 판매 경험 한번 없던 엄마가 해낸 사례가 필요했다.

하지만 좀처럼 찾기가 어려웠다. 알고 보면 젊은 시절 옷 가게에서 일했던 경험, 판매나 영업 아르바이트를 해봤던 경험 등등 뭐라도 한 번씩 팔아본 경력이 있는 엄마들이 대부분이었다. 나는 내가 그 사례를 만들어보고 싶었다. 마흔이 되도록 뭐 하나 팔아본 경험이 없는 엄마가 스토어로 돈을 버는 사례를 말이다.

그리고 마침내 해냈다. 나는 현재 내 스토어 매출을 위해 거의 아무 일도 하지 않고 있다. 그런데도 매출은 꾸준히 나오고 있으며 점점 늘어나고 있다. 그 덕에 나는 내가 바라는 더 큰 목표를 위한 공부와 미래 설계에 충분한 시간을 가질 수 있게 되었다. 지금 이렇게 책도 쓰고 있지 않은가? 내가 책을 쓰는 동안에도, 책을 읽는 동안에도, 잠을 자는 동안에도, 아이를 케어하는 동안에도 주문이 들어온다. 자리를 지키지 않고 있어도, 계속 들여다보지 않아도 주문이 들어온다.

스마트스토어가 자리를 잡고 지속해서 매출이 나오니, 자신감이 붙었다. '돈 벌 줄 모르는 사람'에서 '돈 벌 줄 아는 사람', '돈 버는 사람'으로 리프로그래밍하기에도 성공했다. 스마트스토어 판매를 하면서 온라인 비즈니스와 마케팅에 대해 배우게 되었고, 판매와 고객응대 경험을 쌓을 수 있었다. 나는 이제 제품 판매와 마케팅에 대한 두려움이 사라졌다. 이제는 어떤 상품이든 판매할 수 있는 자신감이 생겼다. 무엇보다, 나는 스스로 한계를 넘어설 수 있다는 것을 깨달았다.

이미 대단한 실력가가 넘치는 스마트스토어 시장에 나까지 나설 필요가 있을까 싶었지만, 용기를 내기로 했다. 분명 나 같은 고민을 가진 엄마들이 있을 것이기 때문이다.

한 번도 인생을 허투루 산 적이 없는 것 같은데 마흔을 앞둔 시점에 이룬 것 없이 허망하고 막막한 엄마들. 직접 세일즈 경험도 없고, 뭘 할 수 있는지 두려움이 앞서는 엄마들. 마음에 드는 제품을 찾긴 했는데 막상 업체에 전화를 걸어야 한다고 하니 용기가 안 나는 엄마들. 모든 것이 처음이라 어렵고 두렵고 한 번씩 좌절하게 되는 그 모든 과정을 공감해 주면서, 포기하지 않고 결과를 낼 수 있게 이끌어 줄 수 있는 역할을 내가 할 수 있지 않을까 싶었기 때문이다.

나 역시 배우는 과정에서 어려움이 많았다. 초보자의 마음을 이해해주는 사람이 많지 않았기 때문이다. 어떤 강사는 왜 안 하냐고, 못하냐고 구박하기도 하고, 어떤 강사는 자기 잘난 맛에 취해 있기도 했다. 어떤 강사는 나한테 왜 이런 것까지 물어보나 하는 반응을 보이기도 했다. 나는 그러한 반응이 초보자의 마음에 공감하지 못했기 때문이라고 생각했다. 그래서 '나라면 이렇게 해줘야지.'라는 생각을 매번 했다.

중학교 때 수학 과외를 받은 경험이 있다. 엄마가 서울대 학생 선생님을 구해오셨다. 나는 그의 말을 이해할 수 없었다. 나도 수학을 못하는 편은 아닌데, 그 서울대생의 설명은 굉장히 이기적으로 들렸다. 그는 쉽게 설명하는 법을 모른다. 그의 수학 이해에 대한 기준값 자체가 높기 때문에 평범한 중학생의 수준을 알지 못한다. 나는 바로 선생님을 바꿔 달라고 했고, 그다음 주에는 중위권 대학생 선생님이 방문했다. 그는 아주 이해하기 쉽게 수학을 가르쳐줬다. 수학 성적은 서울대생이 당연하게도 월등히 높을 것이다. 하지만, 중학생에게 최고의 선생님은 그 학생의 수준을 이해하고 학생의 눈높이에서 가르쳐줄 수 있는 사람이다.

나는 고등학교 때 문과를 선택했고, 미대에서 도예를 전공하고 미디어아트를 하겠다고 코딩을 공부한 사람이다. 내가 코딩을 공부하는 방식은 공대생들의 공부 방식과 다를 수밖에 없다. 나는 이해 안 되는 코딩을 어떻게든 이해하려고 나만의 다양한 접근법을 시도했다. 그리고 마침내 해냈으며 그 노하우로 오랫동안 미대생들과 초보자들을 대상으로 한 코딩 교육을 할 수 있었다.

나에게 필요한 선생님은 그 분야의 최고가 아니다. 나와 비슷한 백그라운드에서 시작해서 성과를 이뤄낸 사람이다. 그래야 나에게 적용할 수 있는 부분이 많다. 나는 나 같은 백그라운드를 가진 엄마들에게 그런 역할을 해주고 싶다. 함께 가고 싶다. 한눈 한번 안 팔고 성실하게 살아왔는데 어느 날 보니 이뤄놓은 것 하나 없이 불안한 미래만 보였다. 자신감 넘치고 활기가 넘쳤던 나는 온데간데없고, 하고 싶은 것도 없고, 할 수 있는 것도 없다고 느껴지는 무기력한 몸뚱이만 남은 느낌이었다. 알록달록 컬러풀한 색채화가 같던 내가, 뭉그러진 검정 콩테화가 된 느낌이었다.

나는 다시 내 색깔을 찾고 싶었다. 그리고 그럴 수 있다고 하더라. 그래서 미친 척하고 믿어보기로 했다. '밑져야 본전 아닌가?' 하는 마음으로 시작했다. 그 과정은 너무나 즐거웠다. 힘들 때도 있었지만 잘 생각나지 않는다. 그 과정조차도 즐거웠다. 켈리 회장님도 말씀하셨다. 켈리 회장님의 롤모델께서 말씀하시길, 지금 나처럼 다 이루었을 때보다 지금 한단계 한단계 성장할 때가 가장 재밌고 행복한 것이라고.

나는 정말 백 퍼센트, 천 퍼센트, 만 퍼센트 공감한다. 너무 재밌다. 즐겁다. 월 천만 원, 월 삼천만 원은 아직 이루지 못했을지언정 나는 불안하지 않다. 이렇게 해낸 내가 자랑스럽고 그 과정이 어렵고 힘들고 고난스러웠다기보다는 즐겁고 행복했다. 그리고 앞으로 지금보다 더욱 크게 성장할 것이 확실하고, 궁극적으로 내가 목표로 하는 금액만큼 벌게 될 것이라고 확신하기에 지금의 수익에 연연해하지 않는다.

온라인으로 버는 100만 원은 월급 200만 원보다 가치가 크다

온라인으로 돈을 번다는 것, 그리고 일하지 않아도 돈이 들어온다는 것은 그 가치가 직장 월급의 가치보다 훨씬 크다. 일단 직장 출근은 나의 몸이 자유롭지 못하다. 직장 사무실에 정해진 시간 동안 몸을 매어놔야 한다. 이것은 내가 직장을 다닐 때 가장 크게 느낀 돈의 대가였다. 내 시간과 몸의 자율성을 사무실이라는 공간에 바치는 대가로 월급을 받는다는 것을 말이다.

직장을 다니면 출퇴근 이동시간은 물론 교통비, 식비, 간식비는 물론 옷, 신발, 가방, 헤어, 메이크업까지 모두 적잖이 돈이 들어간다. 게다가 등하원 도우미까지 써야 하는 상황이라면 월급에서 정말 남는 돈은 얼마나 될까? 똑같은 100만 원, 200만 원, 300만 원이라고 해도 가치가 다른 이유가 여기 있다. 나는 온라인 자동수익으로 300만 원을 번다는 것은, 그 두배가 되는 월급의 가치와 맞먹는다고 생각한다. 그러니 온라인으로 100만 원, 200만 원 버는 것을 가볍게 생각하지 않았으면 좋겠다.

당신도 한번 해봤으면 한다. 스마트스토어든 인스타든, 유튜브든 무엇으로라도 온라인 사업으로 한 달에 100만 원이라도 벌어오는 시스템을 만들어보자. 이 과정에서 당신은 온라인 세일즈와 마케팅의 한 사이클을 모두 경험하게 될 것이고 엄청나게 큰 성장을 하게 될 것이다. 그리고 무엇보다 아이를 키우는 엄마들에게 이보다 더 좋은 비즈니스는 없다.

온라인으로 돈 버는 시대라는 것을 모르는 사람은 없다. 그럼에도 불구하고 아직도 사람들은 그것은 다른 사람 얘기라고 생각한다. 회사에 취직해야 하고 오프라인으로 출퇴근해야 한다고 생각한다. 사업을 한다고 하면 오프라인 매장을 여는 것부터 생각한다. 그것은 우리가 그렇게 학습되어 왔기 때문이다. 오프라인도 해보면 좋은 경험이 될 수 있겠지만, 집에서 아이를 돌보면서도 할 수 있는 온라인 비즈니스를 시도하지 않을 이유는 없다.

TIP

Q　　　　　　스마트스토어를 성공하기 위한 비법

❶ 나에게 맞는 운영방식을 찾자.

스마트스토어 관련 강좌를 듣다 보면 '닥등'과 같은 요령을 권할 때가 있다. 하지만 자신의 상황과 성향을 고려하지 않고 무조건하는 것은 실패하기 쉽다.

❷ 조급하지 말자.

매출에 관한 성과에만 집중하고 요행을 바라거나 좌절에 빠지기 마련이다. 오히려 실패도 좋은 경험이라 받아들이며 집중하고 노력하는 것이 중요하다.

❸ 긍정적인 생각을 가지자.

사업에는 많은 어려움이 따른다. 미리부터 부정적인 마음을 가지면 될 일도 어그러지기 마련이다. 부자가 된다는 긍정확언으로 마음을 다잡아보자.

❹ 레드오션에 들어가자.

흔히 경쟁업체가 없는 것이 사업에 유리하다고 생각하기 쉽다. 그러나 더 중요한 것은 고객이 많은 곳에 기회가 있다는 것이다.

❺ 투자를 아끼지 말자.

스마트스토어의 핵심은 역시 마케팅이다. 그러면 결국 투자를 해야 할 순간이 온다. 그때 주저하면 성공할 수 없다.

마흔 다 되도록, 돈을 제대로 벌어본 경험도 없는 아줌마가 어떻게 돈을 벌어야 할지 막막했다. 그때, 나는 돈을 벌기 위해서는 돈에 대해 공부해야 한다는 것을 알게 되었다. 돈을 공부한다고? 그게 가능해? 세상에 그런 게 있어? 이럴 수가. 한때 대학교수 임용면접까지 봤던 나인데, 지금껏 돈 공부라는 말은 듣지도 보지도 못했다. 대체 이 공부는 어디서 할 수 있단 말인가? 누구에게 배울 수 있다는 것인가? 어디서 배울 수 있다는 것인가? 나는 모든 것이 궁금했고 빨리 배우고 싶었다.

chapter 4

쩐한 것들에는
진리가 있다

목표가 없으면
결과도 없다

당신의 꿈은 무엇인가요?

당신의 목표는 무엇인가요?

그것은 당신이 진정으로 원하는 것인가요?

당신이 진짜 이루고자 하는 것은 무엇인가요?

꿈과 목표는 비슷한 듯하지만, 차이가 있다. 꿈은 큰 그림을 그리며, 우리가 추구하는 이상적인 삶의 모습을 제시한다. 반면에 목표는 그 꿈을 현실로 만들기 위한 구체적인 단계와 계획을 말한다. 즉, 꿈이 우리가 "도달하고자 하는 곳"이라면, 목표는 "그곳에 도달하기 위해 어떤 길을 걸어야 하는지"를 구체화하는 것이다.

나의 꿈은 내가 원하는 곳에서 사랑하는 가족들과 풍요롭고 행복하고 건강하게 사는 것이다. 그리고 그 꿈을 이루기 위한 목표는 돈

마흔, 폭풍성장으로 부의 추월차선에 올라타라

을 많이 버는 것이다. 내 사업을 통해 돈을 벌고, 그 돈이 돈을 만드는 투자 수익을 만드는 것이 목표이다. 나에게는 구체적인 목표 금액이 있다. 그리고 매일 그 목표를 반복해서 말한다. 내게 가장 중요한 임무임을 뇌에 프로그래밍하기 위해서다.

《10배의 법칙》의 저자 그랜트 카돈은 이렇게 말한다.

> "성공은 나의 가족과 회사, 나의 미래에 대한 윤리적 의무이자 사명이며 책임이다!"

나는 이 말을 보자마자 포스트잇에 적어 모니터 앞에 붙여놨다. 내가 원하는 목표 금액을 벌었다는 것은 성공을 의미한다. 나는 '성공이란 혹시 개인적인 욕망을 채우기 위한 이기적인 생각이 아닐까, 내 자아실현을 위해 무모한 꿈을 갖는 것은 아닐까?' 하는 생각을 한 적이 있다.

하지만, 그랜트 카돈의 메시지를 보고 있으면 성공을 바라지 않는 것이 오히려 무책임한 것임을 깨닫게 된다. 더 잘살고 싶은 욕망, 좋은 것을 추구하고자 하는 욕망, 더 행복해지고자 하는 욕망, 자유롭고자 하는 인간의 욕망은 인간의 행동과 결정에 동기부여를 주는 주요 원동력 중 하나다. 인정받고 사랑받고 성공하고 싶은 자아실현의 욕구는 5단계 욕구 중에 가장 최상위의 욕구로 자연스럽고 건전한 욕구이다. 우리에게 이런 욕망과 욕구가 없다면 우리는 그 어떤 것도 이룰 수 없을 것이다.

성공은 나의 큰 목표이다. 나는 그 큰 목표를 달성하기 위해 작은 목표들을 계획하고 실행해 오고 있다. 처음엔 나를 리셋하는 것에 목표를 잡았고, 다음은 나를 리프로그래밍하는 것에 목표를 잡았다. 나를 리프로그래밍하기 위해서는 나의 생각과 마인드를 바꿔야 했고, 수익화할 수 있는 지식과 기술을 습득해야 했다. 이 모든 것은 결국 성장이라는 키워드로 합쳐진다.

나는 각 단계에서 성장을 목표로 두었다. 일주일에 책 한 권 읽기, 새벽기상 하기, 목표 쓰기, 독서하기, 감사하기, 공부하기, 온라인으로 돈 벌기 등 이 모든 것은 내가 성장하기 위해 실행했던 것들이다. 목표가 있어야 과정이 있고 결과가 있다. 원하는 결과를 얻고 싶다면 목표를 명확히 해야 한다. 그래야 올바른 방향을 찾아갈 수 있으니 말이다.

각 목표는 작은 목표와 계획으로 구체화하고 세분화시켜야 한다. 그리고 그렇게 목표를 쪼개서 보면 처음엔 크고 어렵게 보이던 목표도 쉽게 받아들여진다. 예를 들어 100억을 버는 것이 목표라고 해보자.

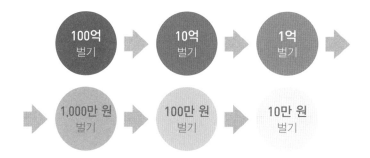

처음엔 100억이라는 큰 숫자가 쪼개고 쪼개고 보니 10만 원까지 내려갔다. 1,000억, 1조도 이와 같은 단계를 거치면 결국 시작은 10만 원, 100만 원 벌기부터이다. 자, 이제 어떻게 10만 원을 벌지 생각해보자.

제품이나 서비스를 판매해서 10만 원을 버는 방법은 아래와 같이 쪼개서 생각해 볼 수 있다.

- 마진 1천 원짜리 상품을 100개 판다.
- 마진 1만 원짜리 상품을 10개 판다.
- 마진 10만 원짜리 상품을 1개 판다.

다음은 100만 원을 버는 방법이다.

- 마진 1천 원짜리 상품 1,000개를 판다.

– 마진 1만 원짜리 상품 100개를 판다.

– 마진 10만 원짜리 상품 10개를 판다.

– 마진 100만 원짜리 상품 1개를 판다.

어떤가 한번 해볼 만하지 않은가? 그리고 이번엔 어디서 판매할지 정해보자. 온라인에서 판매했다고 가정한다면, 플랫폼을 정해보자. 스마트스토어, 인스타그램, 블로그, 유튜브, 카카오톡, 밴드 등 자신에게 유리하고 편리한 플랫폼을 정해보자. 만약 스마트스토어로 정했다면 당신의 세분화된 목표는 "스마트스토어에서 제품 판매로 100만 원 벌기 – 마진 10만 원짜리 제품 10개 판매하기"가 되는 것이다. 그다음 목표는 마진 10만 원짜리 상품 찾기 → 업체 컨택하기 → 제품사진 찍기 → 상세 페이지 만들기 → 상품 등록하기 → 마케팅하기와 같이 하나씩 세분화된 목표를 잡아서 실행하면 된다.

목표가 있어야 결과가 있다. 그 결과들이 모여서 성과가 되고, 그 과정에서 내가 성장하는 것이다. 목표가 없다면 결과도 없고, 성과도 없으며 성장도 없다. 결과는 성공일 수도, 실패일 수도 있으며 때로는 실망감이 동반될 수도 있다.

중요한 것은 성공도 실패도 모두 소중한 경험의 결과이며, 그 경험을 통해 배울 수 있기에 성과가 있는 것이다. 그리고 그것들은 우리가 성장하는 데 꼭 필요한 과정이다. 성장이 없다면 행복할 수 없다. 행복하기 위해 성장하자.

롤모델만 찾아도
반은 성공한다

성공하기 위해서는 롤모델을 찾으라고 한다. 그리고 그 사람을 그대로 따라 해보라고 한다. 나는 정확하게 이 롤모델 작전으로 내가 원하는 바를 이룬 적이 있다. 바로 유학준비 시절 토플 영어시험 공부를 할 때였다. 당시 나에게는 필요한 점수는 250점이었다. 그런데 내 점수는 230점에서 더 이상 오르지를 않고 있을 때였다.

당시 토플 후기가 모여 있는 커뮤니티가 있었는데, 그곳에서 나는 나와 정확한 케이스를 찾아서 따라 해보기로 했다. 다행히도 한 달 만에 230점에서 250점으로 성적이 향상된 케이스를 찾을 수 있었다. 그리고 나는 그 사람이 실행한 방식 그대로를 복사해서 나에게 붙여넣기를 했다. 모든 스케줄을 그 사람과 동일시했다. 몇 시에 일어나서 몇 시에 도서관을 가고, 몇 시부터 몇 시까지 무엇을 공부하고, 쉬는 시간까지 모조리 카피했다. 그리고 나는 정확하게 한 달 만에 230

점에서 250점으로 성적이 올랐고, 유학에 필요한 점수를 얻을 수 있었다.

여기서 중요한 것은 그 사람을 그대로 따라 한 실행력보다 그 사람을 따라 하다 보면 내가 원하는 결과를 얻을 수 있을 것이라는 믿음이었다. 믿을지 말지는 내 선택이지만, 누군가 나보다 먼저 실행하고 성공한 방식을 공유해주는데 믿는 것을 선택하지 않을 근거는 없지 않은가. 더구나 그렇게 따라 한다고 해서 내가 얻을 손해는 없다고 본다. 혹여나 따라 해도 되지 않을까 봐 두려운 마음은 내 걱정이지 손해가 아니다. 모든 경험은 모두 의미 있고 나를 성장시킨다 하지 않았는가?

나는 그래서 롤모델 법칙을 믿는다. 내가 켈리 최 회장님을 롤모델로 잡은 이유는 아래와 같다.

여자이다.
결혼을 했다.
어린 자녀가 있다.
사십 대에 시작해서 성공했다.
크게 성공했다.

그녀의 이러한 조건들이 내게는 엄청난 동기부여가 되었고, 나도 할 수 있겠다는 자신감과 확신을 심어 주었다. 그리고 나는 또 한 번 믿어보기로 했다. 믿지 않을 이유가 없었기 때문이다.

　　세상엔 수많은 성공 스토리들이 있다. 특히나 여성보다 남성의 스토리가 많다. 그런데 성공한 남성들의 스토리에는 언제나 육아와 가사, 배우자와의 문제에 대한 내용은 쏙 빠져 있다. 그 남성들이 육아는 어떻게 감당했는지, 자녀 교육엔 어떻게 참여했는지, 아내와는 어떻게 좋은 관계를 유지했는지는 거의 나와 있지 않다. 성공을 위해 가정은 소홀히 하고 일에만 몰두했는지 알 수 없는 일이었다.

　　나는 미혼 남성의 성공 스토리도 참고만 한다. 물론, 그 사람에서도 배울 점은 매우 많겠지만, 현실적으로 미혼 남성의 성공 방식을 그대로 따라 할 수 있는 조건이 아니기 때문이다. 게다가 그들은 우리의 고민을 겪어보지 않았기 때문에 현실적인 조언도 힘들다.

　　여성인데 미혼이거나, 결혼은 했는데 아이가 없거나 하는 사람들의 스토리 역시 참고만 했다. 그녀들과 우리의 조건은 현실적으로 다르기 때문이다. 내가 가장 힘들었을 때, 나는 나와 비슷한 조건에서 이미 앞서가고 있는 사람을 찾고 싶었다. 나처럼 서너 살, 엄마의 손길이 한참 많이 필요한 아이를 키우는 엄마인데, 아이들도 잘 케어하면서, 남편과도 관계가 좋고, 그러면서 성과도 잘 내고 있는 사람을 찾고 싶었지만 쉽지 않았다. 엄마이면서 성과가 있는 분들은 많이 있었지만, 아이가 훨씬 큰 경우가 대부분이었고, 그들 중 나처럼 돈 버는 경험이 적은 엄마는 더더욱 적었다.

나는 롤모델의 힘을 알기에, 나와 가장 비슷한 조건에서 성과를 이룬 사람을 찾고 싶었다. 켈리 최 회장님은 나의 최종 롤모델이지만, 현재 내 상황에서 한 단계 먼저 성장한 사례를 찾아 따라 하는 것이 가장 효율적임을 알기 때문이다. 정말, 제대로 된 롤모델만 찾아도 반은 성공한 것이다. 하지만, 끝내 찾아내지 못했고, 나는 나만의 방식을 찾아가기로 했다.

나는 끊임없이 어떻게 하면 내 상황에서, 아이에게도 남편에게도 나에게도 잘하면서 나의 성장을 이어갈 수 있는지 고민하고 물었다. 그 과정에서 시행착오도 많았고, 한 번씩 위기도 있었지만, 그 결과 나는 현재 꽤 안정적인 가정을 유지하면서 내 일도 잘할 수 있는 환경을 만들 수 있었다.

그래서 나는 책을 쓴다. 나와 비슷한 상황에 있을 여성들을 위하여. 내가 내 바로 앞의 롤모델을 간절하게 찾고 싶었듯이, 내 작은 성과라도 누군가에게는 큰 등불이 되어 줄 수 있음을 알기에 책을 쓴다.

나는 아이를 재우고 밤새워 일하라고 말하고 싶지 않다. 기를 쓰고 죽기 살기로 해보라고도 말하고 싶지 않다. 왜 해보기도 전에 겁부터 내냐고 구박하고 싶지도 않다. 당장 실행하는 것만이 답이라고 재촉하고 싶지도 않다. 성공하려면 이것도 해야 하고 저것도 해야 한다고 한다. 처음엔 어떻게 그게 다 가능한지 의아하기까지 하다.

자신을 아는 것부터 시작

우리는 나 자신부터 알아야 한다. 내가 투자할 수 있는 시간과 에너지 그리고 자본이 어느 정도인지 가늠할 줄 알아야 한다. 그렇지 않고 무작정 따라 하는 것은 나에게 맞지 않는 유리구두를 신겠다고 낑낑대는 것과 다르지 않다. 순간의 열정에 타올라 목표를 크게 잡고 하루 일정을 꽉 채운 투두 리스트에 따라 행동하는 것은 잠깐 에너지가 넘치는 기분이 들 수 있다.

하지만, 내 역량을 뛰어넘는 목표를 무턱대고 따라 하다 보면 금세 지치고 포기하기 마련이다. 마치 달리기처럼 말이다. 오늘부터 30분씩 달리기를 하겠다고 의욕에 불타 에너지 넘치고 가벼운 마음으로 운동화 끈을 조여 매고 웃으며 출발했는데 현실은 몇 분 가지 못해 헉헉거리는 자신을 발견한다. 첫날이라 그럴 수 있지 하며 조금 더 달려보는데 여기저기 아픈 듯하다. 그렇게 자고 일어나면 다음 날 아침에 온몸이 쑤시고 무릎이 아프고 발목이 아프다. 내 맘 같지 않은 컨디션에 오늘 하루만 쉴까 싶다가도 이렇게 포기하는 내 자신이 싫어서 다시 일어난다. 하지만 어제와 같은 텐션은 아니다. 이마저도 이겨내야 한다고 포기하면 안된다고 다시 달려보지만 내 몸은 내 마음 같지가 않아 좌절감이 느껴지는 것처럼 말이다.

평소 운동을 하지 않던 사람이 운동을 하려면 우선 틀어진 자세를 바로잡고 기초체력부터 다져야 한다. 모두가 달리기가 좋다고 해서 무턱대고 따라 달리다가는 바로 병원행이 될 수 있으니 조심해야 한

189

다. 이것은 나의 경험담이다.

첫술에 배부를 수는 없다. 조금씩 조금씩 성장하면 된다. 누구나 처음이 있고, 누구나 처음부터 완벽하지 않았다.

지금의 나와 같은 상태에서 딱 한 단계 앞선 사람을 찾아보자. 그는 당신의 고민을 충분히 이해하며, 현실적인 실행법을 알려줄 것이다. 자! 이제 롤모델을 찾아보자!

마흔, 폭풍성장으로 부의 추월차선에 올라타라

생각을 반복하면
엄청난 파워가 생긴다

상상만으로도 실력이 향상된다는 것은 진짜일까?《뇌가 지어낸 모든 세계》의 저자이자 신경과학자인 엘리에저 J. 스턴버그는 우리의 뇌는 실제 행동과 상상된 행동을 구분하지 못한다고 한다. 즉, 우리가 무엇인가를 상상할 때, 우리의 뇌는 그것이 실제로 일어나고 있다고 인식한다는 것이다. 이러한 발견은 상상력과 반복되는 생각의 파워에 대한 객관성을 뒷받침해주는 중요한 연구 결과이다.

상상력을 사용하여 운동 능력을 향상시키는 이미지 트레이닝은 운동선수들이 실제로 사용하는 기법이라고 한다. 예를 들어, 스키 선수들이 경기 전에 코스를 상상하며 내려오는 연습을 하는 것, 골프 선수가 상상으로 스윙을 연습하는 것을 말하며, 운동선수뿐만 아니라 피아니스트가 곡을 연주하기 전에 마음속으로 연주를 먼저 해보는 것도 이미지 트레이닝이라고 볼 수 있다.

이러한 시각화 트레이닝은 실제 연습만큼이나 중요하며, 때로는 부상이나 다른 제약으로 인해 연습할 수 없을 때에도 유용하게 작용한다. 실제로 큰 부상을 당해 훈련이 힘든 상황에서도 병원에 누워 이미지 트레이닝만으로 실력을 향상시켜 금메달을 따낸 사례도 있으니 말이다.

나 역시 상상력으로 실력이 향상되었던 경험이 있어 공유하고자 한다. 내가 고등학교 1학년 때의 경험이다. 나는 어릴 적부터 미술을 해왔는데, 예중 입시에서 낙방하고 난 후 미술과 학업을 모두 잘하는 것이 어렵다고 느꼈던 나는, 미술을 그만두고 공부에만 집중하겠다고 선언했다. 그리하여 중학교 때부터는 미술학원에 다닌 적이 없었고, 학교 미술 시간에 그림을 그린 것이 전부였다.

나는 미술학원에 다니지는 않았지만 미술 활동에 항상 관심이 많았기에 자주 머릿속으로 멋진 그림을 그리는 상상을 하곤 했다. 그리고 인문계 고등학교 1학년 때, 교내 미술대회를 앞두고는 상상으로 그림 그리는 것에 집중했다. 풍경화에는 자신이 없던 나이지만, '이렇게 그리면 어떨까, 저렇게 그리면 어떨까?' 붓을 이렇게 터치해 보고 저렇게 터치해 보며 상상 속으로 여러 장의 그림을 그렸다. 머릿속으로 그림을 그릴 때는 그 어떤 제약이 없이 얼마든지 원하는 대로 그려볼 수 있었다.

그리고 나는 정말 신기한 경험을 했다. 미술학원 한번 다니지 않고, 평소 직접 그림을 그린 적이 없는 나의 미술 실력이 상당히 향상되어 있는 경험을 말이다. 미술대회 도화지에는 내가 상상했던 그대로의 멋진 그림이 완성되어 있었다.

영화 〈올드보이〉를 아는가? 영화 속 주인공은 15년간 혼자 감금된 방에서 권투 영상을 보며 복수의 날을 위해 연습한다. 보고 또 보고, 생각하고 또 생각한다. 복수의 그날을 상상하며 수없이 시뮬레이션을 했다. 그리고 17대 1의 상황에서 상상했던 그대로 싸워 이긴다. 이 장면은 롱테이크 촬영 기법으로도 유명하지만, 어떻게 저게 가능하냐는 논란의 이슈가 되기도 했던 장면이기도 하다. 많은 사람들이 말도 안 된다며 영화니까 가능하다고 했지만, 나는 충분히 가능한 일이라고 생각했다. 머릿속 상상만으로도 현실에서의 실력이 향상될 수 있음을 스스로 경험해 봤기 때문이다.

사실 이와 같은 결과는 해내고자 하는 것에 대한 기초 지식과 경험이 있었기에 가능했다. 엘리에저 J. 스턴버그는 경험이 많을수록 뇌의 내부 모델 정확성이 높아진다고 말한다. 예를 들어 10년 이상 경력이 있는 양궁 선수는 올바른 활쏘기 자세를 보는 것만으로도 뇌가 활성화되는데, 경험이 하나도 없는 일반인에게는 아무런 자극이 없었다고 한다. 내가 상상하는 것만으로도 그림 실력이 늘 수 있었던 것 역시, 오랜 시간 그림을 그려왔던 경험이 있었기에 가능한 일이었다. 나는 어떻게 하면 원하는 색상을 만들 수 있는지 알고 있었고, 붓에 묻은 물 양과 압력에 따른 결과를 예측할 수 있었기에 가능했던 것이다.

그렇다면 전혀 모르는 것을 잘해보고 싶을 때는 어떻게 하면 좋을까? 모르면 배우면 된다. 그리고 해보면 된다. 예를 들어 온라인에서 돈을 벌고 싶다고 해보자. 그런데 아무런 지식이 없다면 상상력으로 해낼 수 있는 것은 아무것도 없다. 배워야 한다. 일단 배우고 나면 방법을 알기에 머릿속 시뮬레이션이 가능해진다. 더 나아가 배운 것을 한번 따라 해본다면 현실감이 더해지면서, 더욱 정교하고 집중도 있는 시뮬레이션을 돌릴 수 있게 된다. 이렇게 반복하면서 한 단계씩 업그레이드하다 보면 당신의 실력은 어느새 크게 향상되어 있을 것이다.

끌어당김의 법칙 역시 생각의 힘을 소개할 때 빠질 수 없는 개념이다. 끌어당김의 법칙은 우리의 생각이 현실을 창조한다는 개념이다. 즉, 내가 지속해서 생각한 것이 현실에서 반영된다는 것이다. 이것은 긍정적일 수도, 부정적일 수도 있다. '왜 슬픈 예감은 틀린 적이 없나'라는 말에 대부분 공감할 것이다. 이것은 내가 어떤 생각에 집중하는가를 들여다보면 답을 찾을 수 있다.

인간은 가만히 있으면 자연스럽게 긍정보다는 부정적인 생각에 빠지게 된다고 한다. 그것은 인간의 뇌가 자신을 보호하고 지키기 위해 항상 위험을 감지하도록 작동하기 때문이라고 한다. 그러다 보니 내가 의식하고 생각하지 않으면 우리는 항상 이런저런 걱정과 고민을 달고 살게 된다는 것이다. 기본적으로 긍정적인 생각보다 부정적인 생각을 많이 할 수밖에 없는 구조이고 그러기에 '왜 슬픈 예감은 틀린 적이 없나'는 확률적으로 우리가 기쁜 생각보다는 슬픈 생각을 훨씬 많이 하기에 그럴 수밖에 없다는 것이다.

예를 들어, 원하는 것이 있을 때, 우리는 그것을 얻고 행복해하는 내 모습을 상상하기보다는, '과연 내가 가질 수 있을까, 거절당하면 어떡하지, 망신당하면 어떡하지'라는 두려움부터, '나는 아직 준비가 되지 않았어, 나는 자격이 없어'라는 나약한 생각에까지 이르게 되고 결국 원하는 것을 달라고 말도 꺼내기 전에 포기하는 경우가 허다하다는 것이다. 그러니 슬픈 예감은 항상 맞을 수밖에 없지 않은가?

나 역시 그랬다. 내가 할 수 있을까 의심스러웠다. 나는 용기가 없고, 끈기가 없고, 시간이 없고, 체력이 약하고, 힘이 없고, 나이가 많고, 돈도 못 벌고, 돈 버는 기술도 없고, 할 수 있는 것도 없다고 생각했다. 성공한다거나 부자가 된다는 것은 나와는 상관없는 일이라고 생각했고, 미래에 대한 준비는 도대체 어떻게 해야 하는지도 모른 채 막연히 걱정만 하며 살고 있었다.

생각의 힘과 끌어당김의 법칙을 알게 된 후 나도 내 생각을 이용해서 원하는 삶을 창조해 보기로 했다. 솔직히, 생각만으로 원하는 것을 끌어당길 수 있다는데 이것이 제대로 작동된다면 엄청난 이득 아닌가? 나는 나를 통해 테스트해 보고 싶었다.

첫 번째로 시도한 것은 아침에 일어나 긍정확언을 반복하는 것이었다. 당시의 나는 나에 대한 확신이 부족했고, 부정적인 생각으로 마음이 아주 힘들었었다. 그래서 그런 나를 변화시키고 싶은 마음이 컸다.

나는 매일 아침 켈리 최 회장님의 유튜브 영상을 보며 아침긍정확언을 따라 했다. 긍정확언을 따라 할 때 중요한 것은 문장을 따라 말할 때마다, 실제로 내가 그 문장대로 된 모습을 상상하면서 따라 하는 것이었다. 처음엔 상상이 잘 되지도 않았고, 확언 문장들이 내 것처럼 느껴지지 않았다. 우선 첫 문장이 "오늘도 즐겁고 기대되는 하루가 시작되었다."인데 아무리 생각해도 즐겁고 기대되는 일이 예정되어 있지 않았기 때문이다.

하지만, 변하고 싶은 간절한 마음이 있었기에 매일 아침 반복해서 따라 했다. 잘되지 않는 상상도 계속해서 훈련하면서 반복했다. 그랬더니 어느 시점부터 변화가 생기기 시작했다. 불안한 마음이 줄어들고 점점 마음이 편안해지는 것이다. 그리고 나에 대한 확신이 강해지면서 자신감이 점점 올라오는 것을 느꼈다.

긍정확언 중에 내가 가장 좋아하는 구절을 소개하자면 다음과 같다.

"나는 성공을 이루기에 충분한 자격을 갖추고 있고, 충분히 똑똑하고, 충분히 용기 있고, 충분히 건강하다."

"나는"으로 시작하는 긍정확언은 창조의 힘을 지니고 있다고 한다.

1. 저 사람은 용기 있어.
2. 용기 있었으면 좋겠어.
3. 나는 용기 있다.

위 3문장을 하나씩 따라 해보면 느낄 것이다. 1번 2번 문장에서는 느끼지 못했던 힘을 3번 문장을 말할 때 느낄 것이다. 그것이 바로 창조의 힘이라는 것이다.

당신은 어떤 자신을 창조하고 싶은가?

"나는 ＿＿＿＿＿＿＿＿＿＿＿＿＿＿＿＿＿＿＿＿다."

채찍질은 그만,
이제 나를 칭찬하자

"당신은 당신이 생각하는 것보다 더 강하고, 보이는 것보다 더 똑똑하며, 생각하는 것보다 더 사랑스럽다."

– A. A. 밀른 / 곰돌이 푸우

왜 난 이것밖에 못 하지? 다른 사람들은 다 잘하는데 나는 못해. 난 더 노력해야 해. 오늘도 잠을 더 잤네. 난 정말 게을러. 잠을 줄여! 잘 거 다 자면서 어떻게 하겠다는 거야? 나는 도대체 잘하는 게 하나도 없는 거 같아. 나는 끈기가 없어서 안 돼. 나는 아직 부족해. 나는 나이가 많아. 나는 늙었어. 나는 뚱뚱해. 나는 못생겼어. 나는 멋지지 않아. 나는 아직 멀었어. 더 열심히 하란 말이야. 힘들어도 참고 계속 해. 이것도 못 하면서 뭘 하겠다는 거야?

혹시 오늘도 위와 같은 말로 자신을 채찍질하지 않았는가? 나 역시 그랬다. 나는 항상 게으르다고 생각했고, 잠이 많아서 안 된다고 생각했고, 아침형 인간이 아니라서 글렀다고 생각했고, 끈기와 지구력이 부족해서 성공하기 힘들다고 생각했고, 하고 싶은 것이라고는 여행 가서 놀고 싶은 것뿐인 한심한 인간이라고 생각한 적이 있었다.

자신을 계속 모자란다고 생각하다 보니, 그동안 내 실력이라고 믿었던 것들은 과연 진짜인지 의심하기까지에 이르렀다. '나는 정말 소질이 있던 걸까? 나는 정말 실력이 있는 걸까? 혹시 그것은 모두 운이 좋아 가능했던 것은 아닐까?' 나는 미술대학을 나왔는데, 돈 때문에 미술을 포기해야 했다고 하는 사람들의 얘기를 들을 때면, 내가 미술을 전공할 수 있었던 것은 내가 잘해서가 아니라 어쩌면 남들보다 좋은 환경이기에 가능했던 것은 아닌가 하는 생각이 들기도 했다.

미국 유학을 갔을 땐, 스스로 미국에서 학자금대출을 받고 돈 벌어 갚으면서 공부하는 친구를 보며 부모님이 학비를 대주는 나는 그 친구에 비하면 반쪽짜리 실력이라고 자책하기도 했다. 그 후로도 나는 어떤 좋은 일이 생기면 그것이 과연 정말 내 실력으로 얻은 것인지 아니면 내가 쌓아온 스펙으로 얻은 혜택인지 항상 의심하기에 이르렀다.

그런데 이것은 나뿐만이 아니었다. 정말 생각보다 많은 사람들이, 아니, 거의 대다수의 사람이 자기 능력을 과소평가하고 있었고, 자신은 부족하다고 구박하고 있었으며, 정신 똑바로 차리고 더 열심히 해야 한다고 노력하라고 채찍질하고 있었다.

대체 무엇이 문제일까? 우리는 왜 내가 가진 장점은 보지 못하고 단점만 파고드는 것일까? 누가 뭐라고 해도 내가 성취한 모든 결과는 나의 노력과 실력으로 이루어낸 것이 맞는데 나는 왜 항상 의심했을까. 어쩌면 이것은 겸손의 미덕이 잘못 발현된 것인지도 모르겠다. 겸손이란 자기 처지 이상으로 높이는 오만도, 그 이하로 낮추는 비굴도 아니며 자신을 정당하게 평가하는 것이라고 하는데, 우리는 겸손이라고 하면 자신을 낮추는 것이라고 알고 있지 않은가?

우리는 보통 누군가 칭찬을 해주면, "아니에요, 운이 좋았어요.", "제가 한 건 별로 없어요. 다 ○○ 덕분이에요."라며 칭찬을 받아들이고 즐기지를 못하고, 항상 부정하면서 내가 잘해서 그런 것이 아니라 주변 환경 덕분에 좋은 결과가 나온 것이라고 말하는 것이 자연스럽지 않은가? 다행히 요즘은 자기 PR 시대라서 자신의 장점을 부각시키고 능력을 뽐내는 사람들이 많아져서 참 좋은 현상이라고 생각한다. 하지만, 나와 같은 사십 대라면 자기 PR보다는 겸손에 더 익숙할 것이다.

생각해 보면 우리는 유독 나 자신에게만 혹독하다. 타인에게는 '대단하다. 멋지다. 예쁘다. 잘한다.'라고 칭찬하는 것이 어렵지 않은데 자기 자신에게는 그게 그렇게 어렵다. 말은 생각을 내뱉는 것이다. 그리고 뇌는 그 생각이 현실이라고 인지한다. 그렇다면 내가 나를 모자라다고 구박할수록 나의 뇌는 내가 정말 모자란 사람이라고 인지하게 되고, 결국 나는 자신감을 잃고 열등감에 빠지게 되는 것이다.

사랑하는 내 아이에게 우리는 어떻게 하는가? 칭찬과 격려와 응원을 아끼지 않는다. '잘했다. 자랑스럽다. 최고다. 멋지다'라고 칭찬을 아끼지 않는다. 처음부터 잘하는 사람은 없다고. 배우는 과정이라고. 다시 해보면 된다고. 누구나 실수는 한다고. 그럴 수 있다고. 따뜻하게 격려해 준다. '같이해보자. 도와줄게. 우리는 언제나 네 편이야. 엄마가, 아빠가 응원할게'라며 든든하게 응원해 준다. 우리는 말의 힘을 알고 있다. 이 말들이 우리 아이가 건강하고 멋진 성인으로 성장하는 데 얼마나 큰 힘이 되고 중요한 역할을 하는지 말이다.

나는 나를 내 아이 다루듯이 있는 그대로 인정하고 칭찬하고 격려해주기로 했다. 이전에는 남이 나를 인정해 주고 칭찬해 주기를 바랐다면 이제는 내가 직접 해주기로 했다. 내가 살아온 시간을 나보다 더 잘 아는 사람은 없다.

"소영아, 잘했어. 수고했어. 넌 정말 그림을 잘 그려. 그리고 네가 그림 실력을 높이기 위해 얼마나 노력했는지 내가 다 알아. 넌 정말 열심히 공부했어. 원하는 목표를 이루기 위해 온 정신과 에너지를 다 바쳤지. 대단해. 그걸 해내다니 정말 멋지구나. 조금 부족하면 어때 그러면서 성장하는 거지. 그 어려운 코딩을 이해하고 적용하려고 머리에 쥐 날 때까지 파고들었던 그 시간들을 나는 기억하고 있어. 그 시간들이 있었기에 실력이 늘었지. 정말 잘했어."

그리고 새롭게 도전하는 현재의 나에게도 칭찬과 격려 응원을 아끼지 않았다. 어려움 속에서 다시 시작하는 나를 칭찬했다. 단 한 페이지 책을 읽더라도 칭찬했다. 목표치 10 중 1을 하더라도 못 한 9를 보는 것이 아닌, 해낸 1을 보고 칭찬했다. 남들이 해낸 10과 비교하며 채찍질하지 않고, 내가 해낸 1을 보고 칭찬했다. 책 읽기를 시작하고, 새로운 공부를 하고, 새로운 일에 도전하는 나를 칭찬하고 응원하고 있다.

물론 여전히 나의 부족한 점이 도드라져 보일 때가 있고, 해낸 것보다 하지 못한 일들에 초점이 맞춰질 때가 있다. 하지만 그것에 매몰돼 나를 꾸짖거나 구박하지 않는다. '아, 부족한 부분이 있구나, 오늘은 못했구나.' 하고 쿨하게 인정하고 넘어간다. 그리고 오늘 해낸 것들에 집중하고 다음에 어떻게 더 잘 해낼지 생각하는 데 내 시간과 에너지를 사용한다.

"칭찬은 고래도 춤추게 한다"는 말이 있지 않은가? 이 말처럼, 칭찬의 힘은 정말 대단하다. 칭찬은 그 누구보다도 나 자신에게 제일 많이, 제일 먼저 해줘야 한다. 내가 있어야 나의 세상이 존재하는 것이다. 내가 제대로 서 있을 때, 다른 사람들도 도울 수 있고, 나 자신이 강해져야 다른 사람을 보호해 줄 수 있다.

나 자신이 잘 살아야 다른 사람도 챙길 수 있는 것이다. 비행기에서도 비상 상황 때 자기부터 산소마스크를 쓴 후 아이나 옆 사람을 도우라고 하지 않는가. 내가 살아야 다른 사람도 살릴 수 있는 것이다. 이처럼 나를 위한 칭찬은 정말 중요하다.

집안 분위기는 엄마 기분이라는 말, 다들 공감할 것이다. 내가 행복해야 내 가족도 행복하다. 내가 웃으면 가족도 함께 웃는다. 내가 나 스스로를 사랑할 때, 가족도 진짜 사랑을 나눌 수 있다. 나 자신이 기운이 넘칠 때, 집안도 활기찬 에너지로 가득 찬다. 나에게 충분한 사랑과 에너지를 주는 것은 가정의 행복을 위한 것이기도 하다.

우리 모두는 정말 소중하고 중요한 사람이다. 너무 당연한 얘기 같지만, 그만큼 중요하다. 나 자신을 사랑하고, 칭찬해 주자. 스스로를 안아주고, 위로하고, 응원하자. 지금 바로 스스로를 칭찬해 보자.

칭찬할 거리를 찾기 어렵다면, 이 책을 읽고 있는 자신을 칭찬해 주자. 성장하고자 하는 열망을 가지고 독서를 선택한 것 자체가 충분히 칭찬받을 만한 일이다.

우리 모두는 가끔 스스로를 의심하고, 자신이 얼마나 대단한지 잊어버리곤 한다. 하지만, 우리 각자는 정말 대단한 잠재력을 가지고 있다. 우리 스스로에 대한 사랑과 칭찬을 통해, 그 잠재력을 꽃피울 수 있다. 자기 자신을 칭찬하는 건, 단순히 기분 좋은 일이 아니라, 우리 삶을 더 밝고 긍정적으로 만드는 첫걸음이다.

자 이제 나를 충분히 칭찬해보자.

"_____에게,

_____"

데드라인에는
신비한 힘이 있다

"목표는 마감 기한이 있는 꿈이다"

– 나폴레온 힐

《생각하라 그리고 부자가 되어라》의 저자 나폴레온 힐의 이 말은 우리가 목표를 달성하는 데에 데드라인이 중요한 역할을 한다는 것을 알려주고 있다. 기한을 설정한다는 것은 우선순위를 잡는 것인데 이 것을 설정하지 않으면 그 목표는 무시될 수 있으며 꿈은 계속 멀어지는 것이다. 그의 말처럼 꿈이 목표가 되려면 데드라인을 정해야 한다.

다이어트를 예로 들어보자. 당신은 날씬하고 건강한 몸매를 갖고 싶고, 어떤 옷을 입어도 예쁜 몸매를 갖고 싶다. 이것이 현실이 되려면 어떻게 해야 할까? 가장 먼저 해야 할 것은 기한을 잡아야 한다. '나는 올해 6월 날씬하고 건강한 몸매를 만들어서 여름에 자신 있게 몸매 드러나는 예쁜 옷을 입을 것이다.'라고 말이다.

만약, 기한을 잡지 않는다면 어떻게 될까? 아무 일도 일어나지 않는다. 데드라인이 없다는 것은 우선순위에 두지 않았다는 것이다. 그렇게 꿈은 다른 우선순위에 밀려 점점 멀어진다. 그러면서 '운동해야 하는데, 덜 먹어야 하는데, 살 빼야 하는데, 이러면 안 되는데' 하며 계속 갈망만 하게 된다.

돈을 버는 것도 같다. 우리는 항상 '지금보다 더 벌어야 하는데, 아껴 써야 하는데, 돈이 많았으면 좋겠는데, 나도 부자가 되면 좋겠는데, 나도 집 사고 싶은데'라고 막연하게 생각만 하지, 언제까지 해야 한다는 기한을 잡지 못한다. 누군가 언제 이루어지면 좋겠냐고 물으면 아마도 이렇게 대답할 것이다. "지금 당장 되면 좋지요! 그걸 말이라고 해요?" 혹은 "글쎄요, 퇴직하기 전에는 자리를 잘 잡아야 할 텐데, 죽기 전에 가능할지 모르겠네요. 이번 생은 글렀어요."라고 말이다.

나도 그랬다. 그냥 막연하게 '언젠가 지금보다는 나아지겠지'라고 생각했고, 돈도 막연하게 '많으면 많을수록 좋은 거 아닌가?'라고 생각했다. 한 번도 기한을 잡아보거나 명확한 액수를 정해보지 않았다. 그랬더니 어찌 되었는가? 돈이 점점 멀어졌다.

나는 왜 돈을 버는 것이 멀리 느껴지는지 곰곰이 생각해 봤다. 나에게는 목표를 달성한 여러 경험이 있는데, 그 경험들과 비교해 보았

마흔, 폭풍성장으로 부의 추월차선에 올라타라

다. 그리고 내가 달성했던 목표들의 공통점을 발견했다. 그것은 바로 데드라인이었다. 데드라인과 더불어 페널티가 함께 있었다.

첫 번째 경험은 대학이다. 수능이야말로 강력한 데드라인이다. 대학입시는 실패하면 다시 시도하는 데까지 1년이라는 페널티가 대기하고 있다. 원하는 대학에 한 번에 합격하기 위해서는 명확한 목표설정 후 목표 달성에 필요한 조건을 알아보고, 조건을 채우기 위한 전략과 기획을 세워야 한다. 그리고 각 단계에 맞는 단기 목표들을 세우고 하나씩 이루어가면 된다.

나는 이런 방법으로 미국 대학원 합격증을 받을 수 있었다. 나는 내가 원하는 딱 하나의 학교에만 지원했는데, 만약 떨어지면 바로 국내 회사에 취직할 것이라고 스스로 페널티를 설정했다. 나로서는 원하는 공부를 할 수 있는 단 한 번의 기회였기에 전략적으로 실행할 수 있었다. 그 이후에도 나는 내가 원하는 바가 있으면 기한을 정하고 패널티를 설정하고 주변에 공표하는 방법으로 목표를 이루어왔다.

반면에, 돈 버는 것에는 정해진 데드라인이 없다. 언제까지 얼마를 벌어야 하는지에 대한 정해진 기준이 없다. 그렇기 때문에 계속해서 밀리는 것이다. 우선순위를 잡지 않으니 계속해서 뒤로 밀렸던 것이다. 그래서 돈이라는 것이 잡힐 듯 잡히지 않고 어렵게만 느껴졌던 것이다. 나폴레온 힐뿐만 아니라, 많은 성공한 사람들이 꿈을 이루고자 하는 명확한 기한을 정하라고 말한다. 나는 그들 모두 데드라인의 놀라운 힘을 경험했다고 확신한다.

데드라인에는 참 신비한 힘이 있다. 우리가 힘들어서 해내지 못할 것 같은 일도 데드라인 앞에서는 가능해진다.

데드라인이라고 하면 마감일에 쫓기는 압박감 같은 부정적인 이미지가 떠오를 수도 있지만 잘 활용하기만 하면 이보다 더 좋은 장치가 없다. 해야 할 일이 있음에도, 내내 게으름을 피우고 놀러 다니다가도 데드라인 직전에는 어디서 내게 이런 능력이 있었나 싶을 정도로 높은 집중력과 파워풀한 힘이 솟아나면서 해내는 자신을 본 적이 있지 않은가. 데드라인에는 참으로 마법 같은 힘이 있다. 물론 패널티가 강할수록 그 효과는 더욱 강력하다.

우리가 무엇인가 처음 시도하려고 할 때는 관성의 법칙에 의해 제자리에 있고 싶은 마음이 나를 끌어당긴다. 그것은 곧 귀차니즘으로 발현되는데, 오늘부터 책 읽어야지, 오늘부터 운동해야지, 오늘부터 공부해야지 했던 마음과 달리 '어우 피곤해, 졸려, 귀찮아, 오늘은 준비가 안 된 것 같아' 하면서 내일로 미루는 것이 바로 그러하다.

우리의 뇌는 새로운 시도를 두려워한다고 한다. 뇌 과학자들에 의하면 뇌는 우리 생존을 위한 업무만을 수행한다고 한다. 뇌 입장에서 보면 지금 생존에 위협이 되는 것이 없다면 안전하다는 것인데, 새로운 시도를 한다는 것은 생존에 위협이 될 수 있는 위험이 따를 수 있다고 보기 때문에 새로운 도전을 좋아하지 않고 현 상태를 유지하도록 작동한다는 것이다. 그렇기에 우리에게는 데드라인과 페널티 설정이 매우 필요하다.

유튜브 구독자 전 세계 1위 채널 〈미스터비스트〉의 지미 도널슨은, 자신의 미래에 대한 영상을 미리 찍어 올리고, 실제 목표를 뛰어넘는 성과를 이룬 사례로 유명하다. 그는 유튜브에 6개월, 1년, 5년, 10년 후의 미래의 자신에 대해 자신이 원하고 기대하는 모습을 말하는 영상을 찍고, 해당 시기에 공개되도록 예약 설정해 두었다.

그의 성공 요인에는 많은 것들이 있겠지만, 나는 여기서 데드라인에 집중하고 싶다. 그는 6개월, 1년, 5년, 10년이라는 시간을 정하고, 그것을 예약 업로드함으로써 데드라인을 정확히 설정한 것이다. 그에게 페널티는 무엇일까? 바로 자신이 설정해 놓은 예약 일에 대중에게 해당 영상이 공개되는 것이다. 만약 영상 속 그의 바람처럼 되지 못한다면 그는 많은 이들의 조롱거리가 될 수 있다는 것과 자기 자신에 대한 실망감과 패배감을 페널티로 이용한 것이다. 어떤가 상상만 해도 아찔하지 않은가.

데드라인, 말 그대로 Deadline, 죽음의 선이라는 뜻이다. 데드라인이라는 단어의 어원을 생각해 본 적이 있는가. 찾아보니 참으로 흥미롭고 역사적인 배경이 숨어 있었다. 이 단어는 원래 19세기 미국 남북전쟁 시기에 사용되었다고 한다. 당시 전쟁 포로들을 수용하던 감옥에서, 포로들이 도망치지 못하도록 설정한 경계선을 부르는 말이었는데, 말 그대로 이 경계선을 넘으면 사살할 수 있는 의미에서 '데드라인'이라고 불렸다는 것이다. 죽지 않으려면 데드라인을 절대넘지 말아야 한다. 우리 뇌에 데드라인이 있음을 알려줘 보자. 현실에서는 데드라인을 넘겨도 죽지 않을 테니 강력한 패널티도 함께 설정해보자.

데드라인을 활용하는 방법은 크게 세 가지가 있다.

첫 번째, 나 자신과의 약속이다.

먼저, 스스로와의 약속을 통해 데드라인을 설정하는 것이다. 이것은 데드라인을 설정하지 않았을 때보다 훨씬 강력한 실행 동기를 가져다 준다. 여기서 페널티는 나 자신과의 약속을 지키지 못한 것에 대한 실망감, 죄책감, 무력감, 자존감 저하와 같은 감정을 느끼는 것이다. 그런데 나와의 약속은 무시하기가 쉽고, 페널티도 약하기에 지속하기가 어렵다.

두 번째, 주변 사람들에게 선언하기이다.

이것은 첫 번째보다 훨씬 강력한 방법이다. 목표를 세우고 가족이나 친구, 혹은 SNS에 목표를 선언하는 것이다. 이렇게 하면, 목표 달성을 위한 동기부여가 생기고, 주변 사람들의 응원과 지지도 받을 수 있다. 무엇보다 목표 달성을 위한 압박감과 부담감도 자연스럽게 생기고, 책임감도 더욱 커진다. 더 강력한 페널티를 설정하기 위해서는, 벌금을 거는 것도 방법이다. 《역행자》의 저자 자청이 책을 쓸 때 2주 안에 원고를 마감하지 못하면 1,000만 원을 내겠다고 선언했던 것처럼 말이다.

세 번째는 챌린지에 참여하는 것이다.

챌린지 참여는 초보자에게 굉장히 좋은 장치이다. 바야흐로 챌린지 시대이다. 독서와 운동은 물론 성장과 건강을 위한 다양한 주제로 온라인 챌린지들이 많이 진행되고 있다. 챌린지는 하루하루가 작은 데드라인이 된다. 목표는 잘게 쪼개면 쪼갤수록 이루기가 쉽다. 일주일에 책 한 권 읽기가 목표라고 한다면 6일 내내 안 읽다가 7일째 되는 날 하루에 몰아서 읽을 수도 있고, 그러다 생각보다 분량이 많아서 기한을 넘길 수도 있는 가능성이 있다.

반면에, 하루에 20장씩 책 읽기로 목표를 세분화한다면 훨씬 적은 에너지로 목표 달성이 가능해진다. 그리고 챌린지에는 보통 참가비와 보증금이 있다. 보증금은 달성률에 따라 환급받을 수 있는 비용이다. 하루 인증을 하지 못하면 그만큼 환급금은 줄어든다. 일종의 벌금제도인 것이다. 미리 돈을 내고 시작하는 것이기에 벌금을 내지 않고 도망가는 것도 불가능하다. 또한 챌린지에 참여하는 것은 함께하는 사람들과의 약속이기도 하며 그들과 경험을 공유하며 서로를 이

끌어 줄 수 있는 환경을 제공하는 것과 같다.

나 역시 다양한 챌린지에 참여했었고 지금도 참여 중이다. 티끌 모아 태산이라 하지 않는가. 매일 작은 데드라인을 엄수하는 것, 매일 작은 목표들을 달성한 것들이 쌓여서 큰 성과를 이루게 하는 것이다.

새로운 도전에는 항상 훈련이 필요하다. 챌린지는 그런 훈련을 하기에 아주 좋은 장치이니, 꼭 한번 참여해 보기 바란다.

요행을 바라는
조급함을 버려라

조급함이란 무언가를 서두르거나, 빠르게 결과를 얻고자 하는 강렬한 욕구나 불안함을 느끼는 상태를 말한다. 조급함은 단기적으로는 일의 속도를 높이고 성과를 달성하는 데 도움이 될 수도 있지만, 장기적으로는 스트레스, 불안, 심지어는 태만으로도 이어질 수 있으며 조급한 결정으로 인한 실수와 실패를 야기할 수도 있기에 잘 다루어야 하는 감정이다.

조급함은 높은 기대치와 시간적인 압박, 불확실성에 대한 두려움, 성공에 대한 갈망에서 발생한다고 한다.

누구나 처음엔 조급한 마음이 든다. 나 역시 그랬다. 빠르게 현 상황을 탈피하고 싶은 마음, 시간이 부족하다는 불안감, 높은 기대치에 닿기 위해서는 더 빠르게 결정하고 실행해야 한다는 압박감, 나의 능력을 빠르게 인정받고 싶은 욕구, 이 모든 것이 전부 공존했다.

내가 조급한 마음을 다스리지 못했을 때 나는 항상 무언가에 쫓기는 듯했다. 생각한 대로 일이 풀리지 않으면 짜증이 나고 스트레스를 받았다. 그리고 이때 내린 결정들은 대개 잘못된 결과를 안겨주었다.

2021년, 한참 부동산이 폭등하던 시기 우리는 이사 갈 집을 알아봐야 했다. 나는 그제야 급하게 부동산 공부에 뛰어들었다. 나는 이제라도 영끌을 해서 작은 구축 아파트라도 사야 할지, 아니면 소액으로 지방 아파트에 갭투자를 해야 할지 결정하고자 했다. 둘 중 아무것도 하지 않고 그대로 또 전세살이를 한다는 것은 매우 바보 같은 선택이라고 생각했기 때문이다. 더구나 그때는 앞으로도 계속 집값이 오를 것이라는 강력한 상승론이 대세였기에 지금이라도 잡아야 한다는 조급함이 나를 압박했다.

당시 영끌을 해도 우리가 구매할 수 있는 집이 없었기에, 실거주는 전세를 살기로 했다. 그리고 전세대출을 풀로 받아 여유자금을 만들어서 지방에 소액 투자를 하기로 결정했다. 그때 당시 나는 굉장한 열의로 불타 있었는데, 큰마음 먹고 70만 원짜리 부동산 유료강의도 결제했으며, 라이브 수업에 적극 참여하면서 혼자 난생처음 임장이라는 것도 다녀왔다. 살면서 처음으로 부동산 투자라는 것을 해보겠다며 한 번도 가보지 않은 지방 도시들을 차를 타고, 기차를 타고 다녀왔다.

그러는 동안 부동산은 계속해서 상승하고 있었고, 상투를 잡지 않겠다는 집념하에 빠르게 결정을 내려야 한다고 생각했다. 정말 하루하루가 압박이었다. 부린이인 내가 고민하는 사이 좋은 물건은 다른 투자자들이 하나씩 채가고 있었다. 그러다 한 지방 임장을 마치고 돌아오는 기차 안에서 다른 지방에 눈여겨보던 한 아파트에 좋은 매물이 올라온 것을 발견했다. 나는 바로 부동산에 문자를 했고, 그날 밤 가계약금 300만 원을 보냈다. 말이 되는가? 그 지역은 임장도 안 가본 지역이다. 수업 들으면서 지도로만 본 게 전부다. 부동산이 주는 사진만 보고 덜컥 가계약을 한 것이다.

　　그런데 문제는 입금 후였다. 입금 전에는 부동산이 재촉하기도 했고, 답변을 늦게 주면 예의가 아닌 것 같다는 부담감에 인터넷에 제대로 검색도 못 하고 그냥 빠르게 대답부터 하고 만 것이다. 나중에는 이것도 상대방의 심리를 이용한 마케팅의 일종임을 알게 되었다. 절대 부동산의 압박에 넘어가지 말기 바란다.

　　하여튼, 가계약금을 보내놓고 여유를 되찾은 나는 그제야 네이버 부동산에 들어가보았다. 그런데, 주변 시세보다 너무 높게 나온 게 아닌가? 다행히 점유개정(주인이 집을 팔고 그 집에 전세로 사는 조건) 물건이라 세입자에 대한 걱정은 없었지만 아무리 그래도 가격이 너무 높았다. 그 와중에 그동안 여러 부동산 수업에서 하나 같이 하던 한 메시지가 생각이 났다. 부동산은 싸게 사는 게 가장 중요하다는 것이었다. 그래. 아무리 점유개정으로 갭이 적다 하더라도 이건 싸게 산게 아니다 싶었다. 마음이 복잡하고 안절부절못했다. 이대로 계약이 진행되면 안 된다는 생각이 들었다.

나는 또 빠르게 이 상황을 수습하고자 다른 매물들을 찾아보았다. 그리고 한 부동산에서 급매가 나왔다고 하면서 연락이 왔다. 이미 가계약한 물건보다 2천만 원이 낮은 금액이었다. 나는 빠르게 계산기를 돌렸다. 가계약금 300만 원을 포기하고 이 물건을 잡는 것이 훨씬 좋다는 생각이 들었다. 나는 그렇게 계약 해지를 하고 새 물건 가계약금을 보냈다. 그리고 바로 다음 날 기차를 타고 현장에 가서 집을 보고 계약서를 작성했다.

당시 나의 투자 예산은 3천만 원이었다. 기존 전세금을 빼고 돌려받을 돈 중에 3천만 원을 남기고, 나머지는 전세대출을 최대한도로 받아 메울 계획이었다. 그런데 이미 섣부른 판단으로 300만 원을 손해 보고 들어갔다.

문제는 여기서 끝나지 않았다. 들뜬 마음으로 계약서를 안고 집으로 돌아오는 기차 안에서 내가 계약한 아파트의 부동산 시세를 한 번 더 확인하기 위해 네이버에 들어갔다. 그런데 뭔가 이상했다. 분명히 아침에 기차를 타고 올 때까지만 해도 매물이 없었고, 내 물건이 가장 낮은 물건이었는데, 단 몇 시간 사이에 매물이 쏟아져나온 것이다. 날짜도 정확히 내가 계약한 11월 1일이었다.

나는 내 눈을 믿을 수가 없었다. 세상이 나를 조롱하는 듯했다. 그때부터 쏟아지기 시작한 매물은 쌓이고 쌓여 아직도 높은 매물 수를 유지하고 있다. 나는 나중에야 알았다. 그 아파트 단지는 한때 투자자들이 많이 몰려간 아파트라는 것을. 그리고 이제는 그들이 시세 차익을 보기 위해 던지기 시작한 때라는 것을.

단, 하루만 여유를 가졌으면 어땠을까. 아니, 시간을 갖고 천천히 공부했으면 어땠을까. 온갖 소셜미디어에서 지금이라도 사지 않으면 앞으로는 더 힘들어질 것이라는 말에 쫓기듯 산 부동산으로 나는 엄청난 손해를 보았다. 조급했다. 매우 조급했다.

그런데 그 조급함은 나의 무지에서 온 것이기도 하다. 내가 제대로 알았다면, 이미 부동산에 대한 지식이 있었고, 경험이 있었고, 충분한 준비가 되어 있었다면 아마도 그런 선택은 하지 않았을 것이다. 결국 내가 모르면 누군가의 말에 휘둘릴 수밖에 없다. 물론, 나름 공부한다고 강의도 듣긴 했지만, 나의 수준은 이제 겨우 교양수업 듣는 수준에 불과했음을 나중에 깨달았다.

조급한 마음은 빠르게 성취하고 싶은 마음에서 비롯된다. 그래서 어디서 더 쉽고 더 빠르게 돈 버는 방법을 찾게 된다. 블로그로 돈 벌어야지 하고 배우다가도, 누군가 인스타그램으로 더 쉽고 빠르게 돈 벌 수 있다고 하면 바로 인스타그램으로 옮겨간다. 그러다 누군가 이제는 유튜브로 돈 버는 시대라며 따라만 하면 누구나 큰돈을 빠르게 벌 수 있다고 유혹한다. 그렇게 더 쉽고 빠른 방법을 찾고자 여기저기 기웃거리다 그 어느 하나 제대로 익히지도 못하고 시간과 비용, 에너지만 낭비한 꼴이 된다.

이건 아무것도 아니다. 조급한 심리를 악용하는 사기꾼들에게 먹 잇감이 되어 큰 피해를 볼 수도 있다. 돌아보면 빠른 결과를 얻어보 고자 선택했던 결정들은 대부분은 좋은 결과를 주지 못했다. 나 역시 적게는 몇백만 원 크게는 몇천만 원에 이르는 손해를 보고서야 깨달 았다. 세상에 공짜는 없고, 요행은 없다는 것을 말이다.

조급한 마음을 다스리기 위해서는 명확한 목표와 데드라인 그리 고 반드시 이루어진다는 믿음이 있어야 한다. 내가 정한 데드라인에 나의 목표가 반드시 이루어진다는 믿음이 있다면 중심을 잡고 나만의 속도를 찾아갈 수 있다. 성공한 사람들의 마인드를 공부하다 보면 그 들은 모두 자신의 꿈이 이루어진다는 믿음이 있었다. 아니 이미 이루 어졌다고 확신하고 그 모습을 시각화했다고 한다. 미래에 대한 확신 과 믿음을 가지고 차분한 마음으로 임하면 조급할 것이 하나도 없다.

우리는 장기적인 성공을 이루어야 한다. 한순간 반짝 버는 돈이 아니라, 120세 시대에 나와 내 가족이 모두 풍요롭고 자유롭게 살기 위한 건강하고 탄탄한 돈을 벌어야 한다. 그러기 위해서는 내가 제 대로 성장해야 한다. 성장에는 제대로 된 마음가짐이 가장 중요하다. 내 생각과 마인드를 바꾸지 않으면 아무리 큰돈을 벌 수 있는 기술을 배워도 소용이 없다. 돈 버는 기술을 익히는 것보다 선행되어야 할

마흔, 폭풍성장으로 부의 추월차선에 올라타라

것은 바로 성공한 사람들의 마인드를 배우고 따라 하는 것이다. 그래야 무너지지 않는 돈을 벌 수 있다.

자, 이제 조급한 마음은 내려놓자. 내가 눈에 불을 켜고 이미 다 찾아봤다. 그런데 요행은 없었다. 기초를 다지고 바닥부터 쌓아 올리는 것 그것은 만고의 진리였다. 지금 바로 기초를 다지는 것부터 시작하는 것, 그것이 최고의 요행이다.

뻔하지만
뻔할 수밖에 없는 것들

이 책의 4장은 내가 직접 경험하고 증명한 성장 비법들을 소개하고 있다. 명확한 목표 설정, 롤모델 찾고 따라 하기, 생각의 힘, 끌어당김의 법칙, 나를 사랑하고 칭찬하기, 데드라인 설정하기, 조급한 마음 다스리기 등이다. 사실, 특별한 것은 없다. 이미 많은 자기 계발서와 성공철학서에서 들어본 내용일 것이다. '또, 뻔한 소리하네'라고 생각할 수도 있다.

그런데 그 뻔한 것을 말하지 않을 수가 없다. 직접 경험하고 보니 나 역시 뻔하게 강조할 수밖에 없더라. 여기서는 책 읽기와 새벽 기상이라는 가장 익숙하고도 뻔한 소리 두 가지에 대한 나만의 체험담을 소개해 보려 한다.

책 읽기

수많은 성공한 사람들의 성공 비결에는 독서가 빠지지 않는다. 내가 처음 본 영상 속 켈리 최 회장님도 같은 말을 했다. 독서를 시작하라고 했다. 하루 10분, 5분, 그것도 어려우면 3분이라도 꾸준히 읽어보라고 했다. 사실, 성공한 사람들뿐만 아니라 우리는 살아오면서 독서의 중요성에 대해 끊임없이 들어왔다. 나는 솔직히 독서가 어떻게 도움이 되는지 전혀 와닿지도 않았고 알고 싶지도 않았다. 하지만, 영상을 보고 한번 믿고 실행해 보기로 했다. 내가 아무리 못났다 해도 하루 3분은 읽을 수 있을 것 같았다.

나는 책을 안 읽는 사람이었다. 어릴 적 집에 세계 명작동화 전집이 들어온 이후부터 책에 대한 흥미를 잃었다. 그림이 많은 만화책 형식의 책을 좋아했는데, 세계명작동화 전집은 글씨가 작고 매우 두꺼웠으며, 그림이라고는 간혹 나오는 흑백 삽화가 다였기 때문이다.

내가 책을 싫어하게 된 또 다른 이유는 학창 시절 독서를 강요당했던 경험 때문이다. 나는 이미 책에 대한 흥미를 잃은 상태였기에 독서와 독후감이라는 숙제는 참으로 괴로운 것으로 기억에 남아있다. 억지로 해야 하는 것은 무엇이든 재미없고 하기 싫기 마련이다.

책에 흥미를 느끼려면 지금 내가 필요로 하는 지식과 정보를 얻을 수 있는 책을 읽어야 한다. 내가 지금 가지고 있는 문제의 해결책을 찾기 위해 책을 읽다 보니 책 읽는 것이 재미있고 저절로 몰입이 되었다. 그뿐만 아니라, 나는 책을 통해 나의 새로운 미래를 꿈꿀 수 있게 되었다. 내가 몰랐던 세상에 대해 알게 되었고, 다양한 사람들의 성공 이야기를 읽으며 나도 할 수 있다는 자신감과 확신을 가질 수 있게 되었다. 나는 그 근거들을 책을 통해 수집해 나간 것이다.

나는 글쓰기에 공포가 있었다. 아마도 책을 읽지 않아서 그랬던 것 같다. 오죽 글쓰기에 자신이 없고 두려웠으면 박사 논문까지 포기했겠는가. 그런 내가 지금 책을 쓰고 있다. 이것은 모두 내가 책 읽기를 시작했기에 가능한 일이다.

책을 몇 권 읽었는지는 중요하지 않다. 100권, 200권이라는 숫자가 중요한 것이 아니라, 내가 어떤 책을 왜 읽었는지, 그 책에서 무엇을 배웠는지, 그래서 내 삶에 어떤 변화가 생겼는지가 중요하다. 하지만, 이제 책 읽기를 시작한 사람이라면 처음엔 숫자로 목표를 세워보는 것도 좋다. 나를 변화시키고 성장시키기 위해서는 내 안에 충분한 데이터가 쌓여야 가능하다. 그러기 위해서는 일정 기간은 독서에만 몰입하는 것도 좋은 방법이라고 생각한다.

나의 가장 큰 성장 비결을 꼽자면 그것은 단언컨대 책이다. 너무 뻔하지만 나 역시 책이 없었다면 나는 다시 일어설 수 없었을 것이다. 책을 통해 위로받고, 책을 통해 희망을 찾고, 방법을 찾고, 책을 통해 성장할 수 있었다. 나는 이제 가방 속에 책이 없으면 불안한 사람이 되었다. 읽지 않더라도 책 한 권을 가지고 나가야 마음이 편안하다.

새벽 기상하기

새벽 기상, 미라클 모닝도 빠지지 않는 단골 메뉴다. 나 역시 새벽 기상을 직접 실행해 보았는데, 새벽 기상을 추천하는 어디서도 듣지 못한 이유를 말해주고자 한다.

새벽 기상에 도전하게 된 가장 큰 이유는 나의 컨디션 때문이었다. 매일 밤 8시 반에서 10시는 아이를 재우느라 아무것도 할 수 없는 시간이었다. 잠자리에 누워서 30분 정도 책을 읽어주고, 한참을 뒹군 후에야 잠이 들었다. 나는 빨리 재우고 나오고 싶은 마음에 항상 마음이 조급하고 불안했다. 아이가 늦게 잠들면 그만큼 내 시간이 줄어들기 때문이다.

10시가 넘어 아이를 재우고 나와 강의도 듣고, 책도 읽었다. 시간 가는 것이 아쉬워 밤 1시, 2시까지 끌다가 잠자리에 들었다. 아이는 해가 뜨면 일어나서 나를 깨웠다. 보통 아침 6시쯤이다. 평균 수면 시간이 겨우 4~5시간이었다. 나는 내 의지와는 상관없이 깨어나야 했고, 피로는 계속해서 쌓여갔다. 가끔 너무 피곤할 때는 낮잠도 자보지만, 좀처럼 피로가 풀리지는 않았다.

그러던 어느 날, 나는 한 영상을 보게 되었다. 사람의 몸이 회복하기 위해서는 밤 11시 반부터 새벽 3시 반까지는 반드시 잠을 자야 한다는 영상이었다. 이 시간에 충분히만 자면 하루 4시간만 수면을 하고도 생활하는 데 지장이 없다는 내용이었다. 나는 여기서 무릎을 탁 쳤다. 성공한 많은 사람들이 새벽에 일어나라고 한다. 그중에 가장 빠른 시간이 4시이다. 나는 왜 항상 4시일까 궁금했는데 그 궁금증이 여기서 풀렸다. 그런데 아무도 이 말을 해주는 사람이 없는 것 보면, 그들도 몰랐던 것 아닌가 싶다.

밤 11시 반에서 새벽 3시 반, 이 시간은 내가 거의 깨어 있는 시간이었다. 그리고 아침 6~7시면 일어나야 했기에 내 몸은 회복할 시간이 없었고, 그랬기에 아무리 낮잠을 잔다고 해도 풀리지 않았던 것이다. 심지어 밤늦게 깨어있다고 해서 대단한 일을 한 것도 아니다. 집중력이 떨어져서 30분이면 할 일도 2시간을 질질 끌고 있었고, 만성 피로에 그날 하루의 피로까지 더해지고 있었다.

나는 바로 패턴을 바꾸기로 결심했다. 아이를 재울 때 같이 잠들고, 새벽에 일어나는 것으로 말이다. 그리고 그 효과는 기대 이상이었다. 어린아이를 키우는 엄마라면 정말 적극 추천하고 싶다. 우선, 아이와 함께 잠이 드니 아이가 잠드는 시간에 대한 스트레스가 사라졌다. 같이 누워 있다가 잠들면 되니 걱정이 없다. 어떤 날은 내가 아이보다 먼저 잠들기도 했다. 나는 늦어도 11시 전에는 자기 위해 노력했고, 새벽 4시에서 5시 사이에 일어났다, 일찍 자니 눈도 자연스럽게 떠졌다. 평균 수면 시간은 6시간 정도로, 이전 패턴의 수면시간보다 오히려 늘었다.

새벽 4시는 그야말로 고요했고 온전한 나만의 시간이었다. 왜 성공한 사람들이 새벽 4시에 일어났는지 체감할 수 있었다. 그 어떠한 방해도 받지 않고 오롯이 나에게 집중할 수 있는 소중한 시간이었다.

마흔, 폭풍성장으로 부의 추월차선에 올라타라

그리고 더욱 놀라운 것은, 나의 만성피로가 사라졌다는 것이다. 나는 일찍 자고 일찍 일어난 것뿐인데, 거의 평생을 달고 살아왔던 만성피로가 사라졌다. 만성으로 달고 살던 목과 어깨 결림, 피곤함, 무기력증이 모두 사라졌다. 자고 일어나서 개운하다는 것이 어떤 느낌인지 몰랐던 내가 개운함을 느꼈다.

새벽 기상의 숨겨진 진짜 비밀은 바로 이것이었다. 밤 11시 반에서 3시 반 사이의 수면시간을 지킴으로써 내 몸과 마음을 회복을 통해 최적의 상태로 만드는 것, 그것이었다. 새벽기상은 잠을 줄이고 정신력으로 버티는 것의 문제가 아니었다. 제때 잠으로써 내 몸과 뇌를 최적화하고 최대의 효율을 끌어내는 방법이었다.

이제 나는 웬만하면 밤 10시 이후의 강의는 듣지 않는다. 어쩔 수 없이 들어야 할 때면 적어도 12시 전에는 잠들려고 노력한다. 간혹 때를 놓치고 늦게까지 깨어 있는 경우에는 어김없이 피로가 쌓이고 컨디션이 떨어진다. 가장 좋은 피로 회복제는 수면시간을 지키는 것이다. 이것은 운동보다도 더욱 중요한 기본 조건이다.

새벽 기상과 책 읽기는 참 고전적인 방식이다. 내가 아주 어릴 적부터 들어왔던 말이기도 하다. 그래서 나는 사실 반감이 있었다. '쳇, 그건 옛날 방식이야. 지금처럼 24시간 깨어있는 시대에 새벽 기상에 책이라니, 너무 올드하잖아. 요즘 시대에 맞는 혁신적인 방법이 있을 거야.'라고 생각했다. 하지만, 진리는 진리였다. 직접 경험해보니 나 역시 뻔한 소리를 할 수밖에 없다.

같은 목적지라도
갈 수 있는 길은 다양하다

성공하고 부자가 되려면 꼭 사업을 해야 할까?

21세기는 1인 기업 시대라는 말이 있을 정도로, 정말 많은 사람들이 개인의 역량과 아이디어를 바탕으로 사업을 시작하여 큰 성공을 거두고 있다. 그러나 이것이 반드시 모든 사람이 걸어야 할 유일한 길은 아니다. 성공과 부라는 목적지로 가는 길은 사람마다 다르며, 다양한 경로가 있다.

내가 한참 돈 버는 방법에 대해 공부를 시작했을 때였다. 나는 그때 처음으로 부동산 투자라는 것을 알게 되었고, 직장을 다니면서도 부동산 투자로 수십억, 수백억대의 자산을 이룰 수 있다는 것을 알게 되었다.

그런 세상이 있다는 것을 알았을 때, 가장 먼저 드는 생각이 무엇이었을까? '아, 진작에 알았더라면 남편이 사업한다고 회사를 그만두지 않았을 텐데…'였다. 생각해 보니 나의 부모님도 평생, 직장을 다니시면서 꾸준히 투자하신 덕에 부를 일구실 수 있었다. 부동산뿐만 아니라 주식 투자를 통해서도 큰 부자가 될 수 있다.

물론, 충분한 공부는 필수이다. 미숙했던 나의 첫 부동산 투자는 큰 손실로 마무리되었지만, 그렇다고 평생 모른 척하고 지낼 수만은 없는 분야다. 그런 의미에서 나의 첫 경험은 속 쓰리지만 의미 있는 경험이었다.

남편은 부자가 되기 위해 사업을 시작했다. 하지만, 그 여정은 너무도 힘들고 어려웠다. 여러 요인이 있었겠지만, 남편이 했던 사업은 그의 능력과 별개로 그의 성향에 맞지 않는 것이 가장 큰 어려움이었음을 깨달았다.

그중 한 가지 예를 들자면, 그는 직장에서 능력을 인정받으며 적절한 보상을 받았을 때 최고의 퍼포먼스를 내는 사람이었다. 반면에 사업장에서는 스스로 능력을 증명해야 하는데, 웬만해서는 좋은 소리 듣기가 어려운 게 현실이었다. 고객들은 보통 만족했을 때는 별다른 말을 하지 않는다. 그중 일부 좋은 리뷰를 남겨주면 감사할 뿐이다. 하지만 불만족했을 때는 어디에든 표현한다. 악성 리뷰로 공격을 하기도 하고, 직접 전화를 하기도 한다.

열정과 의지가 있는 청년들은 모두 창업을 한 건지, 직원이나 알바생들은 좀처럼 마음에 들지 않는다. 그런데, 그마저도 조금만 일이 힘들면 그만두기 일쑤였다. 게다가 일단 고용노동부에 사장을 찌르고 보는 것은 그들만의 문화인가 싶을 정도이다. 가맹점주들은 항상 힘들다는 소리만 한다. 운영이 잘될 때는 조용하지만, 조금이라도 힘들어지면 바로 볼멘소리를 한다. 무소식이 희소식이라는 게 바로 여기에 쓰이는 말인가 싶다.

이렇듯, 남편은 사업을 운영하는 내내 좋은 소리 한번 듣기가 힘들었다. 게다가 코로나 상황으로 모두가 힘들고 예민한 상황이었기에 더욱 그러했다. 그러다 보니 남편은 항상 스트레스와 불안감에 시달렸고, 극도로 예민해져 있었다. 그런 상황에서 일이 잘 풀릴 리 만무하다.

남편은 자신의 성향들을 파악한 후, 자신이 맞지 않는 옷을 입으려 했다는 것을 깨달았다. 사업이란, 그에게 맞지 않는 옷이었다. 적어도 외식 가맹사업은 그에게 가시가 박힌 매우 불편한 옷이었던 것이다. 그는 자신의 능력을 마음껏 펼칠 수 있고, 자랑할 수 있고, 인정받고 보상받을 수 있는 직장을 찾아 다시 월급쟁이가 되었다. 그는 그 어느 때보다도 편안하고 행복하다.

《내 사업을 한다는 것》에서 저자 이경희는 이렇게 말한다.

자신의 전 재산을 투자하고도 수익이나 이익은커녕 적자에 허덕이며 직원 월급 주고 회사에 필요한 경비를 버느라 쉴 틈도 없이 시달려야 한다면 노예의 삶이 아니고 무엇이겠는가. 수많은 창업자들이 호칭만 사장이지 직원보다 못한 생활을 하다가 어렵게 도전했던 사업을 접는 일이 비일비재하다.

월급쟁이 노예 생활을 청산하고자 사업을 시작했는데 다시 노예가 되는 아이러니라니. 직접 겪어보고 나니 공감하지 않을 수 없다. 그렇다면 직장인은 사업하면 안 된다는 것인가?

한 달에 억대 수익을 내는 한 사업가는 창업을 위해 사표를 내야 하나 고민하는 사십 대 직장인 남성에게 말했다.

솔직히 직장을 다니면서 퇴근 후에 책을 읽고, 공부를 해서 무언가를 해낸다는 것은 직접 해보니 어렵습니다. 체력도 예전 같지가 않고, 게다가 가정이 있는 사람이라면, 퇴근 후에 아이도 돌보고 가족과의 시간도 가져야 하는데 쉽지 않죠. 그렇다고 무턱대고 그만두면 절대 안 됩니다. 그전에 충분한 준비를 해야 합니다. 직장에 있을 때 준비하지 못하고 퇴사부터 하게 되면 심리적, 경제적인 압박으로 굉장히 불안해지는데 준비되지 않은 사람은 그것을 다스리기가 쉽지 않습니다. 그러니 일단은 준비를 해야 합니다. 공부를 해야 합니다.

무언가를 배우고 싶다면 주말을 활용하세요. 주말에 깊게 몰입해서 최대한 배우세요. 배운 것을 당장 실천하지 못하더라도 일단 그런 세상이 있다는 것을 충분히 익혀두세요. 가능하다면 평

일에도 틈틈이 하루 한 장이라도 책을 읽으세요. 그렇게 새로운 세상에 대한 준비가 되면 자신감이 생기고, 직장에 대한 부담이 줄어들 것입니다.

그때 실행해 보세요. 해보고 성과가 나면 그때 결정해도 됩니다. 그리고, 가능하다면 회사가 먼저 나가라고 하기 전에는 나오지 마세요. 다른 일을 같이하다 보니, 회사를 놀이터처럼 다닐 수 있게 되었습니다. 그랬더니 남들은 눈치 보느라 하지 못하는 말도 자신 있게 던지게 되고, 그랬더니 자연스럽게 더 많은 기회가 생기고 성과도 더 잘 나오더군요. 저는 지금도 직장인 신분을 유지하고 있습니다. 여전히 잘리는 것에 두려움은 없습니다.

이는 이분의 직업 특성상 가능한 일이었는지 모른다. 하지만, 중요한 것은 준비가 된 상태에서 결정해야 한다는 것이다. 특히, 사십 대 이후라면 재취업의 가능성마저 잃을 수 있기에 더욱 신중해야 한다.

요즘은 직장을 다니면서도 할 수 있는 일이 참 많다. 옛날처럼 투잡, 쓰리잡을 뛰는 시대가 아니다. 핸드폰만 있으면 누구나 돈을 벌 수 있는 시대가 된 것이다. 유튜브나 인스타그램에 영상을 올려서 돈을 벌기도 하고, 블로그를 키워서 돈을 벌기도 한다. 예전에는 이러한 SNS 계정을 키우는 데 시간과 에너지가 많이 들었지만, 요즘은 AI 기술만 익히면 최소한의 시간과 에너지로도 수익화를 할 수 있다. 나처럼 온라인 스토어를 운영할 수도 있다. 그 외에도 월급 외 소득을 만들 방법은 무궁무진하다.

사실, 말처럼 쉽지만은 않다. 새로운 기술과 소셜미디어의 빠른 변화에 대한 적응력은 이삼십 대를 따라갈 수 없다. 그렇다고 그들만의 세상인 것도 아니다. 사십 대, 오십 대, 심지어 육십 대 이상의 시니어분들도 해낸다. 나와 비슷한 연령대의 사람이 운영하는 계정을 보면서 벤치마킹한다면 못 할 이유가 없다. 나에게 맞는 롤모델을 찾아보자.

사업을 하고자 한다면, 자신이 사업에 맞는 사람인지 먼저 파악해보면 좋다. 다음은 김승호 회장님의 《사장학개론》에 나온 내용이다.

> 만약 당신이 아래 12가지 특징에 많이 해당되는 사람이라면 창업을 해야 하고 사장으로 평생 살아야 할 운명이다. 이런 사람에게 다른 방법은 없다.
>
> 자신이 주도적으로 일을 하는 것이 편하다.
> 위험을 감수하며 위험을 감수할 자신이 있다.
> 근무 시간을 스스로 정하고 싶다.
> 내 직업에 관한 스스로의 가치를 갖고 있다.
> 가족을 부양하고 집안을 일으켜 세우기 위해 사업한다.
> 내 열정과 아이디어가 언젠가 보상받을 것을 기대한다.
> 내 회사를 통해 나와 다른 사람의 삶을 개선하고 싶다.

남에게 피해를 주고 싶지 않다.

지루한 것을 절대 못 참는다.

사회의 뛰어난 사람들과 사귀고 싶다.

함께 일할 사람을 내가 선택하고 싶다.

내 도전을 내가 결정하고 싶다.

어떤가, 당신은 사장으로 살아야 할 운명인가? 나는 모두 해당된다. 그래서 우리 집은 내가 사업을 하고, 남편이 직장을 다니며 서포트해주기로 합의 봤다.

서울에서 부산까지 가는 방법은 수도 없이 많다. 누군가는 비행기를 타고, 누구는 기차를 타고, 누구는 버스를 탈 수도 있다. 자동차를 타고 갈 수도 있고, 자전거 여행을 하며 갈 수도 있다. 또 누군가는 걸어서 국토횡단을 하면서 갈 수도 있다. 혼자 갈 수도 있고, 함께 가는 사람이 있을 수도 있다. 직행으로 갈 수도 있고, 여러 곳에 들렀다 갈 수도 있다. 여러 교통수단을 섞어서 갈 수도 있다. 서울도 어느 지역에서 출발하느냐에 따라 방법은 또 달라진다. 정답도 없다. 중요한 것은 목적지를 잃지 않는 것이다.

TIP

🔍 뻔하지만 꼭 실천해야 할 것들

❶ 목표를 세우고 그 길로 나아가자.

❷ 롤모델을 찾아라.

❸ 생각을 반복하며 집중하자.

❹ 나를 칭찬하자 .

❺ 반드시 데드라인을 정해라.

❻ 조급함을 버려라.

❼ 책을 읽어라.

❽ 수면시간으로 컨디션을 관리하라.

마흔 다 되도록, 돈을 제대로 벌어본 경험도 없는 아줌마가 어떻게 돈을 벌어야 할지 막막했다. 그때, 나는 돈을 벌기 위해서는 돈에 대해 공부해야 한다는 것을 알게 되었다. 돈을 공부한다고? 그게 가능해? 세상에 그런 게 있어? 이럴 수가. 한때 대학교수 임용면접까지 봤던 나인데, 지금껏 돈 공부라는 말은 듣지도 보지도 못했다. 대체 이 공부는 어디서 할 수 있단 말인가? 누구에게 배울 수 있다는 것인가? 어디서 배울 수 있다는 것인가? 나는 모든 것이 궁금했고 빨리 배우고 싶었다.

chapter 5

나는 지금 가장
행복하고 아름답다

모든 위기는
결국 선물이었다

어느 날 갑자기 남편이 사표를 던지고, 우리 가정은 알 수 없는 소용돌이 속으로 빨려 들어가는 듯했다. 지금 돌이켜 생각해 보면, 도대체 무슨 일들이 우리를 휩쓸고 간 건지 길다면 길고 짧다면 짧은 3년간의 시간이 벌써 아득해진다.

우리 부부는 사업 실패에 대해 어떻게 얘기할까? 다시 돌아간다면 절대 하지 않을 것이라고, 그때 하지 말았어야 했는데,라며 후회할까? 아니다. 비록 지금까지 오는 길이 힘들고 어려웠지만, 그리고 아직도 갚아야 할 대출금이 남아 있지만, 그때 사업을 하지 않았다면 언젠가 했을 것이라고, 아이가 한 살이라도 어릴 때, 우리가 한 살이라도 어렸을 때 시도해 본 것이 정말 다행이라고 생각한다.

만약 그때 사업을 하지 않았다면, 그리고 평생 하지 않았다면, 아마도 죽는 순간 눈 감으면서 후회했을 것이다. 혹은 해보지 못한 것에 평생 아쉬움과 후회를 안고 지냈을 것이다. 그래서 우리는 아주 잘했다고 생각한다.

또한, 그 과정에서 배우고 얻은 경험과 깨달음은 정말 그 어디에서도 받을 수 없는 값진 것들이었다. 특히, 나에게는 정말 너무나 감사하고 소중한 경험이었다. 그 덕에 내가 공부를 시작하게 되었고, 새로운 세상을 알게 되었고, 새로운 꿈과 목표를 가질 수 있게 되었기 때문이다. 만약 내게 이런 시련이 없었다면 나는 지금의 행복을 평생 모르고 살 수도 있었을 것이다. 나는 이 모든 시련과 위기가 결국 나를 10배 이상 성장시켜 준 선물이었음에 감사하고 벅찼다.

결핍 없음의 결핍

나는 한때 결핍을 원했던 적이 있다. 세상에 결핍을 바라는 사람이 있다니 웃기지 않은가? 그런데 내가 그랬다. 내가 유학을 마치고 돌아와 한참 작품활동을 하던 서른 살쯤이었다. 나는 당시 나만의 작업공간에서 원 없이 작품 제작에만 몰두하고 싶다는 마음이 가득했는데, 작업실 비용과 비싼 재료비를 충당할 능력이 되지 못해서 그저 갈망만 하던 상태였다.

예술가는 배고프다는 말처럼, 나는 내 재능으로 돈 벌 방법을 도저히 모르기에 다른 예술가들의 이야기를 찾아보기 시작했다. 외국의 한 예술가가 쓴 책을 어렵게 찾아내 읽었는데, 외국이라고 해서 환경이 다를 것이 없었다. 그 역시 하고 싶은 예술 활동을 이어가기 위해, 하기 싫은 일을 하면서 돈을 벌고 있다는 내용이었다. 작품 판매로도 수익이 나긴 하지만, 그것만으로는 생계가 어려워 항상 아르바이트를 병행하고 있다는 내용이었다. 같은 시기, 나는 한 권의 자기계발서를 읽게 되었는데, 그 책에서는 자신이 처한 어렵고 힘든 결핍의 상황을 원동력으로 삼아 크게 성장한 사람들의 이야기가 실려 있었다. 이 두 책에서 발견한 한 가지 공통점이 있었다. 바로 결핍이었다. 그것도 지금 당장 생계가 위협받을 정도의 힘들고 어려운 상황 말이다.

두 책을 읽고 나는 어떤 생각을 했을까. '아, 나는 그만큼 힘들지 않구나.'였다. 따뜻하고 안전한 집에서 부모님과 함께 살고 있던 나는 어쨌거나 먹고살 만했던 것이다. 나는 그때 심각하게 고민했다. 당장 집을 나가 자취방을 구해 독립하여 당장 돈을 벌지 않으면 안 되는 강력한 결핍의 상황을 만들어야 하는지 말이다. 그렇게 하면 나의 나태함과 게으름을 극복하고 벌떡 일어나 편의점 알바라도 뛰게 할 동기부여가 될 것만 같았다. 하지만, 솔직히 그 안락한 환경을 제 발로 뛰쳐나올 용기와 자신감이 없었다. 갈망에 대한 마음이야 조금 내려놓으면 그만이었다.

결혼 후에도 그냥 '먹고살' 만했다. 서울을 벗어나 경기도에 작은 전셋집을 구하고, 나는 시간강사 일을 하면서도 남편의 월급으로 둘이 사는 데는 문제가 없었다. 그 후 나도 취직하게 되자 소득은 더 늘었고, 전세 대출이자와 외제차 할부금을 납입하면서도 일 년에 한 번씩 해외여행을 다니며 즐겁게 살 수 있었다. 그렇다 할 재산도 없고 고소득자도 아니었지만, 생계에 위협받을 만한 결핍도 없는, '먹고살 만한' 환경이었다. 새로운 도전도 없고, 그렇다 할 성장도 없었다. 그렇게 신혼의 달콤함이 편안함을 지나 지루해질 때쯤 아이가 생겼다. 그리고 모든 것이 바뀌었다.

수많은 자수성가 스토리를 보다 보면 자극적인 주말드라마보다도 더한 사연들이 참으로 많다. 어려운 집안 환경으로 먹지 못하고 배우지 못한 사연, 사기를 당하거나 엄청난 빚으로 죽으려 했던 사연, 암이나 사고로 죽을 뻔한 사연 등등 눈물 없이 볼 수 없는 사연들이 너무도 많다. 우리는 그들의 성공 신화를 보며 '아, 이렇게 어렵고 힘든 사람도 해내는데 나는 고작 이 정도 가지고 힘들다고 징징댄다니. 나는 최소한 10억 빚은 없잖아! 나도 할 수 있어!' 하면서 동기부여를 받곤 한다.

나는 이 시점에서, 의문이 들었다. 왜 이렇게 힘든 상황에서 성공한 사람들이 많은 거지? 궁금했다. 어쩌면 그런 극적인 스토리가 많은 사람들에게 더 큰 희망을 줄 수 있어 상대적으로 더 많이 알려진 것일까 하는 생각도 해보았다. 그런데, 2020년 〈포브스〉의 보고에 따르면, 전 세계 억만장자 중 자수성가한 부자의 비율이 70%에 육박한다고 하니, 단순히 상대적으로 많이 알려진 것이라고만 판단할 수 없는 부분이었다. 그렇다면 왜 어째서 역경 속에서 탄생한 부자들이 많은가? 나는 그 답을 결핍에서 찾았다.

결핍은 강력한 성공 원동력이 된다. 생사와 생계를 위협받을 정도의 극심한 결핍은 분명 매우 부정적이고 피하고 싶은 순간일 것이다. 그러나 이러한 강렬한 결핍 상황이 오히려 일부 사람들에게는 성장과 성공으로 나아가는 강력한 원동력으로 작용했다는 것이다.

누군가 내 머리에 총구멍을 대고 내일까지 온라인으로 100만 원을 벌어오지 않으면 방아쇠를 당길 거라고 협박하는 상황을 상상해보면 바로 체감이 될 것이다. 당신은 이런 상황에서 모든 인맥과 지식과 기술을 총동원해서 어떻게든 100만 원을 벌어올 것이다. 배가고파야 먹을 것을 찾고, 몸이 아파야 건강을 챙기듯, 극한 결핍은 강렬한 원동력으로 전환될 수 있다.

나 역시, 생계가 위태로워질 정도의 어려움 속에서, 강한 생존 본능이 깨어나면서 성장하고 성공으로 나아가는 큰 원동력을 얻을 수있었다. 성장하고 싶어 결핍을 원하던 내가 결국 결핍을 얻게 된 것이다.

결핍이 없는 사람은 없다. 지금 불만을 느끼고 있는 상황이 있다면 이것을 폭풍 성장의 기회로 삼아보는 건 어떨까? 나는 엄마가 된 이후로 중국발 미세먼지에 대한 스트레스로 매우 비관적으로 변했다. 다른 건 몰라도 숨 쉬는 것조차 위협이 되는 이 환경에 분노를 숨길 수 없었다.

그 결핍은 지금 내게 커다란 원동력으로 작용하고 있다. 바로, 나와 내 가족이 마음껏 깨끗한 공기와 자연을 누릴 수 있는, 안전하고 깨끗하고 따뜻한 곳에서 살고자 하는 꿈이 생겼고, 그러기 위해서 내가 반드시 큰 부자가 되어야 한다는 목표가 생긴 것이다. 돌아보니 모든 위기는 내게 선물이었다. 그 시련과 위기, 결핍들이 없었다면 나는 5년 전, 10년 전과 다를 바가 없었을 것이다.

먹고살 만하면 그곳에 안주하게 된다. 안주하는 삶에는 성장이 없다. 하지만, 지금 삶이 힘들고 어렵다면 누구나 그 상황을 벗어나고 싶어 한다. 그 결핍의 에너지를 성장의 에너지로 바꿔보자. 기회로 생각해 보자. 역경을 딛고 부자가 된 스토리는 식상할 정도로 넘쳐나지 않는가? 지금 당신의 삶이 어렵다고 느껴진다면 나에게 부자가 될 기회가 찾아왔다고 생각해 보자. 그 성공 스토리에 나의 이야기가 실린다고 생각해 보라. 얼마나 벅찬가!

결핍은 기회다. 결핍이 강하면 강할수록 더 큰 힘을 발휘할 것이다. 그리고 성공할 확률도 더 높아진다. 그러나 혹시 결핍이 부족하다고 느낀다면, 그것이 바로 당신의 가장 크고 위협적인 결핍인 것이다. 내가 결핍을 원했던 것처럼 말이다. 이렇게 함으로써 당신도 결핍이 생겼으니 축하한다.

나는 정말 그렇게 생각한다! 지금, 이 책을 쓰는 것도 내게 그런 결핍의 시간들이 있었기에 가능한 것 아닌가! 기회를 잡아라! 축하한다!

최고의 지원군은
가족이다

　자신만의 행복을 위해 부자가 되고 성공하고자 하는 사람은 없을 것이다. 사실, 인간은 사회적 동물이기에 혼자 있을 때 행복할 수가 없다. 사랑하는 가족, 친구, 동료가 함께 있을 때 행복해질 수 있다. 그런 의미에서 함께 사는 가족은 우리에게 가장 중요한 사람들이다. 가족이 불행하면 나도 불행하다. 가족이 행복하면 나도 행복하다. 내가 하는 일을 가족이 함께 지지해 주는 것만큼 큰 응원은 없다.

　반면에 내가 하는 일에 가족이 불편해하고, 반대한다면 그것만큼 괴롭고 힘든 일이 없다. 일을 해도 집중이 되지 않는다. 새로운 시도를 하려고 할 때마다 가족의 눈치를 봐야 하고, 설득하려 하다가 말다툼으로 이어져 집안의 분위기를 망쳐놓기 부지기수다. 우리가 새로운 도전하려는 것은 결국 나와 내 가족을 위함인데, 자칫 잘못하면 나만의 욕심으로 비출 수 있고 오히려 가족을 불행하게 만들 수도 있다. 내 가족도 못 지키는 데 사업을 성공시키고 부를 이룬다는 것은 어불성설이다.

나를 위해, 가족의 지지는 필수다. 특히 남편의 지지는 가장 큰 힘이 된다. 처음부터 남편이 적극 지지해 준다면 더할 나위 없겠지만, 그러지 않은 경우에는 남편의 지지를 얻기 위한 노력을 해야 한다. 적을 내 편으로 만들어야만 한다. 나의 경우는 후자에 해당한다. 그 과정은 정말 치열했다. 지금은 남편의 지지를 받으며 안정적으로 내 일에 몰두할 수 있게 되었는데, 그 과정에서 터득한 나만의 노하우를 알려주고자 한다. 만약 당신이 전자에 해당한다면 축하한다. 하지만 나와 같은 후자라면 이 글이 도움이 되길 바란다.

남편과의 관계를 개선하고 지지를 얻어내는 법

❶ 남편에게 말을 아끼자.

대부분의 분쟁은 여기서 시작된다. 예를 들어, "내가 이런 걸 들었는데, 좋은 생각을 해서 끌어당기면 부자가 될 수 있대. 내가 책을 보니까 성공한 사람들은 이렇게 했다. 당신도 한번 해봐. 당신도 같이 책 좀 읽지 그래? 나는 이렇게 돈 벌겠다고 노력하는데 당신은 언제까지 소파에 누워서 게임만 하고 있을 거야?"

흔한 패턴이다. 우리 집도 그랬다. 처음엔 좋은 의도로 말을 꺼냈을지 모르지만, 뒤에는 꼭 한마디 비난 섞인 말이 튀어나온다. 이렇게 되면 남편은 내가 하는 모든 것에 반감이 들 것이고, 계속해서 훼방을 놓을 것이다. 그러면서 그게 되는지 두고 보라고 협박을 하거나, 사이비 종교 취급을 하거나, 다단계에 빠진 게 아니냐면서 사사건건 시비를 걸고, 비꼴 수 있다. 남편은 매일매일 직장으로 출퇴근하면서 어렵게 돈을 벌어오는데, 집에 있는 아내가 책을 읽고 생각만 하면 부자가 될 수 있다고 하며 남편의 행동을 비난한다면 그 말이 설령 맞다고 해도 받아들이기 싫을 것이다.

책을 보고 공부를 하다 보면 같이 알고 싶고 함께 하고 싶다. 그럴 땐 아주 조금만, 남편이 들어서 좋을 부분만 얘기해줘 보자. 그리고 '나' 기법으로 말해보자. "나는 그동안 이렇게 생각했는데, 책 몇 권을 보니 다르게 생각하는 법을 알려주더라고. 그런데 해보니까 정말 다른 것 같아. 그래서 기분이 좋고, 당신한테 더 잘 해줘야겠더라고." 정도로 말이다.

평소 책을 읽지 않거나, 자기 고집이 센 남편이라면, 책에 있는 것 그대로 믿지 말라며 또 나의 발작 버튼을 누르는 말을 할 수 있으니 적당히 치고 빠지기로 하자. 그리고 만약 남편이 이렇게 얘기한다면, 우선 발작하지 말고, "맞아, 그럴 수도 있지. 그런데 난 지금이 좋아 하하" 하고 그냥 웃어 넘겨보자.

❷ 나의 성장을 보여줘라.

가장 좋은 것은 남편에게 티 내지 않고 묵묵히 내 공부를 하는 것이다. 그러다 보면 자연스럽게 내가 성장하는 것이 보일 것이고, 긍정적으로 변하는 나의 모습을 가족들이 자연스럽게 알아차릴 것이다. 매일 좋은 생각을 하며 꾸준히 성장하다 보면, 나의 말투, 단어, 표정 하나하나에 변화가 생길 것이다. 만약 그렇지 않다면 뭔가 잘못하고 있는 것이니 한번 점검해보길 바란다. 나의 좋은 변화가 남편에게도 영향을 끼치게 되면 내가 하는 것이 뭔지 모르지만 더 이상 훼방을 놓을 이유를 찾기 힘들 것이다.

❸ 성과를 보여줘라.

사실 남편들에게 가장 확실한 것은, 성과를 보여주는 것이다. 매일 책보고 유튜브 보고 강의 듣고 뭔가를 하는 것 같긴 한데 성과가 안 보이면, 남편도 슬슬 지칠 수 있다. 입장을 바꿔 생각해보면 이해가 빠를 것이다. 남편이 매일 뭔가 해보겠다고 들여다보는데, 눈에 보이는 성과가 없으면 당신이라도 잔소리가 튀어나올 것이다.

작은 성과라도 보여주자. 가장 좋은 성과는 수익을 내는 것이다. 아내가 집에서 용돈이라도 버는 모습을 보면 남편은 아마 엄청 자랑스러워 할 것이다. 그리고, 그 수익이 점점 커지면 남편의 어깨의 부담감도 줄어들면서 아내에 대한 기대감이 커질 것이다. 내가 수익을 내기 전까지는 긴가민가 의심의 눈초리로 지켜보던 남편이, 내가 스마트스토어로 돈을 벌기 시작하니 인정하기 시작했다. 그리고 주변에 자랑하기 시작하더니 이제는 더 잘 해보라며 적극 지지하는 입장이 되었다.

❹ 남편을 공부하자.

남편과의 사이가 좋지 않을 때, 관계를 회복하려면 남편에 대해 공부해 보는 것을 추천한다. 나는 정말 남편을 이해하지 못했다. 나와 다른 그의 생각과 행동이 모두 문제라고 여겼으며 그런 남편을 바라보는 나의 시선도 곱지 않았다. 내가 그렇게 생각하는데 남편을 대하는 나의 말과 행동이 곱지 않았을 것은 분명하고 그로 인해 항상 언제 터질지 모르는 폭탄을 끌어안고 있는 것처럼 불안한 기운이 가득했다.

그때 나는 운명처럼 MBTI 검사를 받게 되었다. 사실, 나는 신빙성 없는 심리테스트라고 생각하고 관심을 두지 않았는데, 지인이 다른 사람을 이해하는 데 좋은 도구가 될 수 있다는 말에 어쩌면 우리 부부에게 도움이 될 수도 있다는 생각으로 남편과 검사를 받아보았다.

지금 나는 MBTI가 우리 부부를 살렸다고 자신 있게 말하고 다닌다. 우리 부부관계는 서로의 MBTI를 알기 전과 후로 정확히 나뉜다. 물론 MBTI를 맹신하면 안 되지만, 한 가정을 살린 만큼 서로를 이해하는 도구로써 큰 역할을 할 수 있기에 적절하게 사용해보길 권한다. 우선, 정확한 검사를 위해서 온라인에 떠도는 유사 MBTI검사가 아닌, 검증된 기관에서 실시하는 유료 검사를 사전 지시문에 따라 제대로 실시하기를 바란다. 그리고, 가능하다면 전문가에게 정확한 해설을 들어보길 권한다.

나와 남편의 성격유형은 거의 반대로 나왔다. 하나만 성향이 같았는데, 그마저도 나와 그의 값이 크게 차이가 나는 것을 보면 거의 반대성향이라고 보면 된다. 나는 사실 남편의 결과지를 보고 의아해했다. 처음에는 잘못 나온 것으로 생각했는데, 곰곰이 그의 유년 시절 이야기와 과거 행동들이 하나씩 매치가 되면서 그동안 내가 이해 못 했던 그의 행동들이 이해되기 시작하면서 그를 있는 그대로 볼 수 있는 눈을 가지게 되었다. 나를 알고 적을 알면 백전백승이라고 했다. 우리 부부는 MBTI 검사를 통해서 서로의 차이점을 알 수 있었고, 서로의 다른 점을 이해할 수 있었을 뿐만 아니라, 서로의 부족한 점을 보완해 주기 위해 도와주는 관계로 발전할 수 있었다.

나의 성장과 발전은 매우 중요하다. 그러나, 우리는 아내로서 엄마로서 가정도 잘 돌봐야 할 책임과 의무도 있다. 그것의 가장 첫 번째는 사이좋은 부부관계이다. 부모가 서로 잘 지내야 아이가 안정적으로 자랄 수 있다. 지금은 원수 같고, 보기 싫은 남편이라 할지라도 내 편으로 만들어야 하는 이유다. 자 이제 '남' 편이 아닌 '내' 편을 만들러 가보자!

아이만 한
성장 원동력은 없다

아이 때문에? 아이 덕분에!

서른일곱에 아이를 낳고, 참 많이 힘들었다. 설레고 행복했던 임신기간과 달리, 예상치 못한 산후통증으로 너무 힘든 시간을 보냈다. 조리원에서는 일주일간 거의 돌아다니지를 못하고 누워있기만 했다. 모유수유니 유축이니 하는 모든 과정이 너무 힘들었고, 지속되는 두통으로 타이레놀을 먹어가며 버텼다. 조리원에서 출산 며칠 만에 산후요가를 따라 하는 엄마들이 신기할 뿐이었다.

조리원에서 나와 아이와 집으로 돌아왔을 때는 총체적 난국이었다. 조리원 마지막 날 감기에 걸려 나오는 바람에 컨디션은 최악이었고, 좁고 해가 잘 들지 않는 동향집은 그야말로 우울 그 자체였다. 출산을 한 3월은 꽃이 피는 봄이 아니라 미세먼지와 황사로 뒤덮인 암울한 계절이었고, 뿌연 창밖을 바라보며 이런 숨도 마음대로 쉴 수 없는 세상에 무책임하게 아이를 낳은 나를 자책하며, 아무것도 모르고 태어난 아이에게 미안한 마음에 눈물을 흘리는 날이 계속되었다.

내게 육아는 정말 상상할 수 없이 힘들었다. 신혼 때, 집안 살림 정리에 일주일 정도 집안일을 한 적이 있는데, 급격한 우울감이 올라와 지하철로 한 시간이 넘는 작업실로 도망치듯 뛰쳐나갔던 나였다. 그런 내가 24시간 좁고 어두운 집에 갇혀 아이만 돌봐야 하는데, 체력은 바닥이고, 아는 것은 하나 없으니 멘탈이 정상일 리가 없었다.

지금 들으면 웬 오버인가 싶지만, 그땐 정말 힘들었다. 자고 일어나면 손가락이 오그라들어 마비된 듯 해 놀라는 날이 부지기수였는데, 이것은 나와 비슷한 또래 산모들이 공통적으로 겪는 흔한 증상이었다. 반면에 조리원 동기인 젊은 엄마는, 조금 찌뿌둥한 것 말고는 컨디션이 괜찮다는 걸 듣고, '아! 그래서 한 살이라도 어릴 때 아이를 낳으라는 것이구나'를 깨달을 수 있었던 웃지 못할 에피소드도 있었다.

집안일과 육아는 정말 체질에 안 맞았다. 나는 진짜 이를 악물고 엄마라는 책임감과 의무감으로 버텼다. 어딘가로 도망칠 수도 없고, 누구를 탓할 수도 없는 상황. 아이가 예쁘고 사랑스러운 것과는 별개로 육아는 힘들었다. 아마 내 인생에 가장 애쓰고 노력한 시간을 꼽으라면 자신 있게 이때를 꼽을 것이다. 나는 강한 책임감과 의무감으로 아이를 키우는 데에 최선을 다했다. 육아 공부도 열심히 했고, 내가 아무리 힘들어도 아이에게는 항상 상냥하게 웃어주고 사랑 표현을 아끼지 않았다.

그렇게 책임감과 의무감으로 버티고 있는데, 아이가 돌 즈음 남편이 사표를 냈고, 아이가 두 돌쯤부터 본격적인 가정 경제의 위기가 시작되었다. 코로나가 터졌고 나의 멘탈과 체력은 회복될 기미가 보이지 않았다.

남편과의 다툼이 잦아질 때면 이런 생각을 하곤 했다. '만약 우리에게 아이가 없었더라면 지금처럼 사이가 나빠졌을까? 아이가 없으면 나도 일을 하고 있을 테고, 그렇다면 남편의 사업에 지금처럼 내가 예민하게 굴지도 않았을 텐데. 각자 자기 일 열심히 하면서 지금보다 훨씬 좋은 관계로 서로를 지지해 줄 수 있지 않았을까?' 하는 생각을 말이다. 아이 때문에 직장을 구할 수도 없는 상황이 너무도 답답했고, 내 마음대로 어떤 결정을 할 수 없는 것도 매우 답답했다.

엄마가 자연스러워지는 데 딱 3년 걸렸다. 아이가 세 돌이 지나자 그제야 내가 '엄마'라는 것이 자연스러워졌다. 그전까지는 어딘가 불편함이 있었던 것이 사실이다. 임신 후 열 달이라는 시간이 예고 되어 있었지만, 갑자기 내 인생에 들어온 새 사람을 온전히 받아들이기까지 나에게도 적응 기간이 필요했던 것이다. 가족이긴 한데, 어느 날 뿅 하고 나타난 가족이다. 말 대신 울음소리로 나를 조종하는 대단한 존재, 그러면서 내 온 정신과 시간과 에너지를 모두 쏟아야 하는 존재. 아이가 예쁘고 사랑스러운 것과는 별개로 알 수 없는 오묘한 감정이 공존했다.

그런데 3년이 지나자 그제야 아이와 내가 하나라는 것이 자연스럽게 받아들여졌다. 내가 엄마로서 아이와 함께하는 이 삶이 내 삶이라는 것이 당연하게 느껴지는 순간을 경험했다. 그 후부터, 아이의 작은 손이 더욱더 소중하게 느껴졌다. 아이를 낳으면 엄마가 되지만, 엄마도 엄마에 적응하는 데 시간이 필요했다.

아이를 낳아봐야 안다는 말은 그냥 하는 말이라고 생각했다. 아이가 선물이라는 말은 머리로는 알겠는데 가슴으로는 알지 못했다. 이제는 안다. 아이는 내 인생 최고의 선물이다. 이 아이가 없었다면 과연 지금의 내가 있었을까?

아이 덕분에 더 잘 살고 싶어졌다. 아이 덕분에 위기를 이겨내야만 했다. 아이 덕분에 버텨내야만 했다. 아이 덕분에 방법을 찾아내야만 했다. 아이 덕분에 큰 꿈이 생겼다. 아이 덕분에 목표가 생겼다. 아이 덕분에 진짜 사랑을 알게 되었다. 아이가 있어 마음껏 사랑을 줄 수도 있게 되었다. 아이 덕분에 내가 성장할 수 있었다. 아이를 키우면서 힘들었던 그 시간과 모든 과정들 중 어느 하나 버릴 것이 없다. 아이와 함께한 그 시간들이 있었기에 내가 어른이 될 수 있었다. 아이는 정말 감사한 존재이고 사랑 그 자체이다.

얼마전, 부인과 검진을 받기 위해 대형 여성병원을 방문한 적이 있다. 검사를 받기 위해 소아과가 있는 층을 갔는데 신생아 울음소리가 가득했다. 엄마가 되기 전에는 몰랐던 소중한 아기의 울음소리, 요즘은 아기들 보기가 어려워서 그런지 더 감사하게 들렸다. 태어난 지 얼마 안 된 아이를 안고 초보 엄마, 아빠가 서툴게 아이를 달래는 모습을 보고 있자니 마음이 뭉클해졌다. 지금은 모든 것이 서툴고 어렵다 느껴질 초보 엄마, 아빠가 앞으로 겪게 될 힘든 상황들과 그로 인해 또 성장하게 될 시간들이 상상되면서 혼자 가슴이 뜨거워졌다.

나는 아이를 낳기 전엔 결혼을 적극 권장하던 사람이었다. 그리고 출산 후에는 말을 아끼게 되었다. 만약, 결혼을 하더라도 아이는 낳지 말라고 했다. 지금은? 아이를 꼭 나으라고 말한다. 그리고 덧붙인다. 분명 힘들 것이라고. 사람에 따라 다르지만 신체적 정신적으로 굉장히 힘든 시간을 보낼 수도 있다고 말이다. 하지만, 그 과정에서 부부가 엄청나게 성장할 것이고, 그 과정과 경험은 그 무엇과도 바꿀 수 없다고 말이다.

나는 한때 엄청난 염세주의자였다. 아이를 낳기 전에 말이다. 사실 나는 지금도 염세주의로 빠지라고 하면 아주 극단으로 갈 수 있는 자신이 있다. 내가 알고 있는 정보들만 취합해도 진짜 지구종말까지 시나리오를 그럴싸하게 만들어낼 수 있다.

하지만, 나는 새로운 세상을 만들어내는 사람들을 보았다. 그들은 자신들이 원하는 대로 상상하는 대로 행복한 삶을 만들어내고 있다. 만약 내게 아이가 없었다면, 나는 아마도 이 세상이 지옥처럼 종말하는 시나리오를 가지고 말 그대로 욜로족으로 살다가 죽자 했을지도 모른다. 하지만, 나는 내 아이의 엄마다. 나는 책임감이 강한 사람이다. 그리고 다행스럽게도 보았다. 원하는 대로 세상을 만들어내는 사람들을. 그렇다면 나라고 못할 이유가 있겠는가. 그래서 나는 오늘도 지속한다. 내 아이에게도 네가 원하는 세상을 만들어 낼 수 있다는 믿음을 주기 위해서 말이다.

김승호 회장님이 천국이 다른 곳에 있는 것이 아니라, 지금 내가 살고 있는 세상이 천국이라고 말씀하신 것을 나도 증명해 내고 싶다. 그리고 내 아이에게도 알려주고 보여주고 싶다. 그리고 내 아이가 그와 같은 생각을 가진 친구들과 함께 공부하고 자랄 수 있는 환경을 만들어 주고 싶다. 그게 내 꿈 중의 하나이다. 사랑하는 아이가 있기에 하고 싶은 것이 정말 많아 참 행복하다. 고맙다, 루이야.

마흔, 폭풍성장으로 부의 추월차선에 올라타라

언제나 지금이
가장 완벽한 타이밍이다

서른아홉, 마흔을 앞두던 나는 인생은 이제 내 손을 떠났다고 생각했다. 무작정 꿈을 향해 달려가던 이십 대를 지내고, 상황에 맞춰 꿈을 줄여가던 삼십 대를 지내고 나니 꿈이란 게 무엇인지 감조차 잊고 살게 되었다. 그리고 이제부터는 그렇게 살아가는 거구나 싶었다. 그러나 불과 몇 년 사이, 나는 생각이 완전히 바뀌었고, 몰라보게 성장하였으며 인생에서 가장 행복한 시기를 살고 있다.

처음, 돈과 경제에 관한 공부를 하기로 결심하고 책을 펼쳤을 때 나는 순간 후회와 아쉬움이 밀려왔다. '왜 더 빨리 알지 못했을까, 그때는 왜 몰랐을까, 왜 아무도 내게 가르쳐주지 않았을까?' 하는 원망이 올라왔다. 한참 전에 출간된 이 책을 나는 왜 이제야 보게 되었는지, 대체 나는 그때 무얼 하고 있었는지, 조금만 더 일찍 알았더라면 얼마나 좋았을까 싶기도 했다.

그런데 지나고 보니 결국 다 때가 있었던 것이었다. 물론, 일찍 알았더라면 더 좋았을 것이다. 그러나 중요한 것은 지나간 시간이 아니라 바로 지금이었다. 이미 놓친 것을 바라보고 후회한다고 해서 달라질 것은 없었다. 지금이라도 알게 된 것이 참으로 다행이고 정말 감사할 뿐이었다.

사실, 생각해 보면 한 번도 보고 듣지 못했던 것은 아니다. 다만 내 관심사가 아니었고, 그보다 더 중요한 것들이 있었기에 그저 흘러 지나갔을 뿐이다. 그때는 그때 관심 있는 것들만 내 눈과 귀와 마음에 들어왔던 것이다. 지금 내게 어떤 것이 보이고 들리고 가슴에 남는 것은 내가 그 어떤 것에 관심이 있기 때문이다.

이것은 마치 끌어당김과도 같다. 눈을 감고 주변에 빨간색이 어디 있는지 생각해 보고 눈을 다시 떴을 때, 주변에 빨간색이 이렇게나 많이 있었다는 것을 발견하는 것처럼 말이다. 내가 관심을 가지기 전까지는 아무리 좋은 것도 보이지 않는 법이다.

평생 예술가의 길을 따라 걸어가던 내게, 갑자기 마흔쯤에 이런 변곡점이 생긴 것은, 어쩌면 지금이 가장 적절한 때이기에 그런 것이라는 생각이 들었다. 마흔 전에는 여러 시행착오를 겪으며 성장하는 시기이다. 이십 대의 나는 열정이 넘치고 무엇이든 해낼 수 있다는 자신감으로 가득 차 있었지만, 동시에 삶의 진정한 의미나 내가 진정

마흔, 폭풍성장으로 부의 추월차선에 올라타라

으로 원하는 것이 무엇인지에 대해 깊이 이해하기엔 덜 성숙했다. 그것은 삼십 대에도 마찬가지였다. 지금 생각하면 그때는 자기 자신이 누구인지 지속해서 탐색하고, 다양한 경험을 통해 실수도 해가며, 때로는 방향을 잃기도 하는 것이 당연하다.

그러나 마흔이 되면서 많은 것이 변하기 시작했다. 마흔이 되어서야 내가 인생에서 겪은 다양한 경험을 통해 얻은 교훈을 바탕으로 나자신을 더 깊이 이해할 수 있게 되었다. 마흔이라는 시점은 진짜 어른이 되는 중요한 시기인 듯하다. 인내심이 더 강해지고, 감정을 더잘 조절하게 되었으며, 다른 사람들과 더 깊이 연결될 수 있는 능력도 향상되었다.

어쩌면, 마흔이라는 나이에 마법 같은 힘이 있는지 모르겠다. 마흔이 넘고 보니, 나는 놀라보게 성숙했고, 이제야 진짜 어른이 된 듯했다. 이제 와서 보니 서른아홉만 해도 나는 겉모습만 어른인 어린아이였던 것이다.

물론, 누구나 나이만 먹는다고 해서 진짜 어른이 되는 것은 아니다. 누구나 마음속에 아이가 있다. 심리학에서는 그것을 '내면 아이 Inner Child'라고 부른다. 내면 아이는 우리 안에 남아 있는 어린 시절의 자아를 의미하는데, 이 개념은 우리가 어린 시절 경험한 감정, 상처, 기쁨, 두려움 등이 성인이 된 후에 우리의 행동이나 반응, 감정 등에 영향을 미친다는 것을 말한다. 내면 아이는 우리의 본능적인 감정과 욕구의 근원으로, 우리가 세상을 어떻게 인식하고 반응하는 지에 많은 영향을 미친다고 한다.

우리 모두는 덜 성숙한 내면 아이를 지니고 있다. 이 아이를 인식하고, 받아들이고, 대화를 시도하고, 상처를 치유하는 과정을 통해 지금의 나와 통합하는 과정이 필요하다. 이 세상에 상처 없는 사람은 없다. 이것은 상대적이기에 누구와 비교할 수 있는 것이 아니다. 내 속에 꼭꼭 숨어 있던 상처를 알아차리고 치유해 주는 과정은 그 무엇보다 중요하다. 그래야 진짜 나를 알 수 있고, 나를 이해할 수 있으며 진정으로 나를 사랑해 줄 수 있는 것이다.

나는, 이 내면 아이를 잘 들여다볼 수 있는 나이가 바로 마흔이라고 생각한다. 이 시기 우리는 인생을 통해 많은 것을 배우고 더 차분해지기 때문에, 어렸을 때 겪은 일들을 더 잘 이해하고 위로할 준비가 되어 있다. 자신에 대해 더 많이 알게 되고, 변화에 더 열려 있게 되며, 자기 자신을 잘 돌보는 것이 얼마나 중요한지 깨닫게 되는 시기이기도 하다. 이런 모든 것들이 마음속 어린 나와 더 잘 소통하고, 더 행복한 삶을 위한 길을 찾는 데 도움을 주기에, 마흔은 자기 자신과 깊게 이야기를 나누고, 마음을 성장시킬 수 있는 적절한 시기라고 본다.

내면 아이 치유를 통해서 폭발적인 성장을 할 수 있었다. 나 자신의 행동과 감정을 잘 다룰 수 있게 됨은 물론이고, 그 과정에서 인간 심리에 대해 깊게 이해할 수 있는 통찰력까지 얻을 수 있게 되었다.

자기 자신을 들여다보는 것은 굉장한 용기가 필요한 일이다. 알 듯 말 듯한 구간을 넘어서 꼭꼭 숨겨둔 나의 상처와 치부를 모두 끄집어내야 진정한 치유가 가능하다. 그래야 내가 나를 믿고 사랑할 수 있다. 나를 알고 사랑할 줄 알아야, 남도 알고 사랑할 수 있다. 그래야 진정한 성공과 부가 따라온다. 그러니 용기를 내보기 바란다. 당신은 할 수 있다.

지나간 시간에 대한 후회도 하지 않기로 했다. 처음 마케팅을 공부할 땐 다시 스무 살로 되돌아가고 싶은 심정이었다. 다시 대학에 간다면 미술이 아닌 마케팅을 배울 것이라고 말이다. 도대체 돈 되는 것 없는 기술만 잔뜩 가진 나는 학교에서 무얼 배웠나 후회가 되기도 했다.

그런데 그 어느 하나 헛된 시간이 없음을 깨닫게 되었다. 디자인 툴을 잘 다루는 기술은 스마트스토어를 운영할 때 빛을 발했다. 상세 페이지를 디자인하고 편집하는 데에 남들보다 유리했고 제품 사진을 찍고 편집하는 데에도 어려움이 없었다. 미적 감각이 있어 섬네일을 잘 만들어내는 센스도 발휘할 수 있었고, 이는 곧바로 매출로 이어지기도 했다.

디지털 아트를 공부하면서 배웠던 코딩 기술 덕분에 각종 프로그램의 작동 원리를 쉽게 이해할 수 있었고, 이는 스마트폰과 컴퓨터 없이는 아무것도 할 수 없는 지금 시대에 매우 유리하게 작동했다.

마케팅 자동화를 구현하고 AI 기술을 익히는 데에도 모두 적용된다.

게다가 다양한 재료와 소재를 다루어 작품 활동을 해왔기에, 상품의 소재나 제조 과정에 대한 빠른 이해도 장점으로 작용했다. 심지어 판매 제품에 세라믹 소재가 들어가는데, 나는 도예 전공이지 않은가? 그 어떤 판매자보다도 소재에 대한 이해가 높지 않겠는가? 이는 매우 유리한 점이다. 이렇듯 지나온 모든 시간은 헛된 것이 하나도 없었다. 결국 모두 융합되어 지금의 나에게 도움이 되고 있으니 말이다. 아마도, 이 모든 것들은 각자의 완벽한 타이밍에 내게 찾아왔던 것 같다.

중요한 것은 지금, 이 순간, 바로 현재이다. 예전에는 몰랐던 것을 깨닫게 되고, 다른 것을 볼 수 있게 되고, 새로운 것을 알게 되었다는 것이 중요하다. 그들은 지금 내게 필요하기에 찾아온 것이다.

지금부터 알아차리고 시작하면 된다. 모르고 미성숙했던 나의 지난 세월의 상처, 실수, 실패로부터 더 큰 깨달음을 얻고, 나를 끝없는 성장의 길로 이끌어가면 된다. 나의 상처를 치유하고, 실수로부터 배우고, 실패를 딛고 다시 일어나는 경험이 있어야 그와 같은 어려움에 있는 사람들을 도울 수 있는 것이다.

뭐든지 다 때가 있다고 했다. 마흔은 성장이 멈추는 때가 아니라, 앞으로 다가올 오육십 대를 잘 살기 위해 폭풍 성장해야 하는 시기이다.

시작하기에 늦은 때란 없다. 하고 싶은 게 있다면 지금 하면 된다. 지금은 공부하고 배우고 도전하면서 성장해야 할 가장 완벽한 타이밍이다. 잊지 말자, 우리의 꿈은 반드시 이루어질 것이기에, 우리가 무엇을 하든 그것은 우리를 성공의 길로 이끌 것이다. 그러니 두려워하지 말자.

마흔이야말로
우아하게 실행할 수 있을 때

'성공'이라는 단어를 들으면 어떤 과정이 떠오르는가? 쉴 틈 없이 일하고, 스트레스에 시달리고, 매일 잠을 줄여가며 일해야 성공할 수 있다고 생각했다. 그래서 성공철학서 같은 책을 의도적으로 피해왔다. 치열하고, 고통을 이겨내야 하고, 하기 싫은 것도 억지로 해야만 잘살 수 있고 큰돈을 벌 수 있고, 성공할 수 있다고 할 것 같아서 말이다. 그래서 알고 싶지 않았다. 해낼 자신이 없었고, 만약 알고도 실행하지 않으면 그런 나를 자책할 것 같아 두려웠다.

하지만 마흔이 되어 직접 경험하고 실행해 보니, 치열함과는 거리가 멀었고 참으로 우아하다는 생각이 들었다. 사전적 의미로 우아함이란 고상하고 기품이 있는 아름다움을 말한다. 여기서 고상함이란 품위나 몸가짐의 수준이 높고 훌륭함을 말하며, 기품이란 인격이나 작품 따위에서 드러나는 고상한 품격이다. 그리고 품위는 사람이 갖추어야 할 위엄이나 기품을 말한다. 우아함과 품위는 여유에서부터 시작된다. 여유로운 몸짓과 행동, 말투가 우아함을 만드는데 이는 여유로운 마인드에서 시작된다.

이삼십 대에는 젊음의 패기로 무작정 도전하고, 부딪히고, 깨지면서 배우는 시기다. 하지만, 마흔 이후는 삶의 경험을 통해 얻은 지혜를 바탕으로 더 현명하게 실행해야 한다는 것을 깨달았다. 우리의 체력과 시간은 그들의 것과는 확연히 다르기 때문에 이를 효과적으로 사용하는 것이 매우 중요하다. 또한, 마흔부터는 자신의 말과 행동에 책임을 질 수 있어야 하며 그것은 부와 성공을 이루는 데 중요한 자질이기도 하다. 그래서 마흔부터는 더욱 현명하고, 여유롭게, 그리고 품위를 유지하면서 목표를 향해 나아가야 한다.

미래의 성공한 나의 모습은 어떠한가? 상상 속 미래의 나는 깊은 통찰력을 지녔으며 성공한 사업가의 모습이다. 마음은 언제나 잔잔한 호수와 같은 평온함을 유지하며, 쉽게 감정에 동요하지 않는 사람이다. 따뜻한 말로 위로할 줄 알고, 감사할 줄 아는 사람이다. 언제나 열린 마음으로 배움에 열정적인 사람이며, 건강하고 아름다운 사람이다. 여유와 유머를 잃지 않으며, 우아하고 품위 있는 사람이다. 즉, 내가 생각하는 성공한 나의 모습은 단순히 물질적으로만 풍요로운 사람이 아니라, 우아함이 풍기는 아름다운 사람의 모습이다.

이런 사람이 되기 위해서 나는 지금부터라도 그런 사람이 되어야겠다 싶었다. 그리고 그것은 작은 습관들에서부터 시작된다는 것을 깨달았다. 성공은 결국 성장 없이는 불가능하며, 나는 그 성장을 위해 성공한 사람들의 습관들을 따라 하기 시작했다. 그 습관들이 나를 성장시켜 성공할 수 있는 기초 체력을 길러주며, 내 그릇의 크기를 점점 키워준다. 책 읽기, 새벽 기상, 긍정 확언, 감사하기와 같은 습관들이 나를 더 깊고 넓은 사람으로 만들어주고 있음을 깨달았다.

책 읽기

책을 읽는 것은 매우 지적이고 우아한 실행법이다. 책을 싫어했던 내가 책 읽기를 시작하면서 지금은 그야말로 '책 읽는 사람'이 되었다. 책을 읽고 해결책을 찾고 아이디어를 얻는다. 지식이 깊어지고 비판적 사고능력이 키워지고, 스스로 생각하는 힘이 강해진다. 말을 하거나 의견을 낼 때 자신감이 있으며 동시에 신중하다. 유튜브보다는 책을 통해 지식을 얻는 것을 좋아하다 보니 알고리즘 도파민 중독에 빠지지 않는다. 책은 그야말로 내 뇌를 건강하고 섹시하게 해준다. 겉모습이 아무리 아름다워도 머리에 채워진 것이 없으면 말과 행동에서 우아함이 묻어나지 않는다.

새벽 기상

새벽 기상을 하면 하루의 시작이 여유로워진다. 새벽엔 집중이 잘된다. 가족들도 자고 있고, 주변도 조용하며, 심지어 카톡방도 조용한 시간이다. 집중력이 필요한 일을 하기에 새벽만 한 시간이 없다. 체감상 새벽의 1시간은 오후의 2~3시간과 맞먹는 정도의 효율을 낸다. 그래서 새벽에 가장 집중력이 필요한 일들을 해내고 나면 하루가 여유롭다. 아이 등원 준비에도 여유가 생기고, 등원 후에도 마음에 여유가 있다. 반면에 전날 늦게 자고 아침에 일찍 일어나지 못할 때는 언제나 마음이 급하다. 지각할까 봐 재촉하게 되고, 등원시키고 돌아와서는 1분 1초가 아쉬운 마음이다. 일찍 잠들고 일찍 일어나는 것만으로도 여유가 생긴다. 여유로운 아침을 맞이하는 것 얼마나 우아한가?

긍정 확언

아침에 일어나 나에게 긍정 확언을 해주는 것은 참으로 아름답다는 생각이 들었다. 부정의 표현이나 단어 한마디 없이, 긍정적이고 좋은 말들로 내게 힘을 주고 인정해 주는 것은 마치 예쁜 꽃에 깨끗한 물과 따스한 햇살을 비춰 소중히 가꾸는 것과 같다. 나를 소중히 여기고 사랑하고 존중하게 됨으로써 타인도 사랑하고 존중할 수 있게 되었다. 나를 대하는 태도가 달라지듯, 남을 대하는 태도도 달라졌다. 긍정 확언은 단순한 끌어당김의 법칙이 아니다. 긍정 확언은 나를 인정하고 사랑해줌으로써 내면을 건강하게 성장시켜 주는 것이다. 참 아름다운 행위이지 않은가?

감사하기

감사하기는 우아한 실행법 중에 최고라 할 수 있다. 감사하기란 내게 참으로 생소했다. 나는 이렇게 불행한데 대체 무엇이 감사하다는 것인지 도통 이해가 되지 않았다. 내가 가진 것은 누구나 가지고 있는 당연한 것이라 생각했고, 남들보다 더 가진 것도 없다고 생각했다. 그래서 특별히 감사할 것 따위는 없다고 생각했다.

그러던 어느 날 문득, 내가 당연하다고 생각하는 내 신체의 일부가 없거나, 제대로 기능을 하지 못한다면 얼마나 힘들까 하는 생각이 들었다. 그러자 당연히 걷고 있는 이 다리가 건강하게 걷고 있음에 감사했다. 눈으로 볼 수 있고, 냄새를 맡을 수 있고, 말을 할 수 있음에 감사했다. 사랑하는 아이가 있고, 그 아이를 꼭 안을 수 있음에 감사했다. 따뜻하고 안전한 집에 사는 것이 감사했고, 먹을 수 있는 음식이 있음에 감사했다.

더 나아가 지금의 위기를 통해 극복할 수 있는 힘을 기를 수 있는 기회를 얻게 되었음에 감사했고, 그로 인해 내가 크게 성장할 수 있는 기회를 얻음에 감사했다. 새로운 꿈이 생겨 행복함에 감사했고, 그 꿈이 모두 이루어질 것에 감사했다. 나는 내가 이미 가진 것과 나를 둘러싸고 있는 것들에서부터 미래에 이루어질 모든 것들에 대해 감사하기 시작했다.

나는 종종 감사하는 마음이 충만해져 눈물을 흘리기도 했는데, 감성보다 이성이 발달한 나에게는 굉장히 신선한 경험이었다. 감사가 충만해지면 행복과 사랑도 함께 충만해지는데 그것은 마치 나 자신이 감사, 행복, 사랑이라는 에너지 그 자체가 되는 듯한 느낌이다. 감사는 단순히 마음속에서 느끼는 감정이 아니라, 삶의 깊은 변화를 일으키는 행동이다. 이 행동은 내가 세상을 바라보는 방식을 변화시키고, 나와 타인을 대하는 방식에도 영향을 미쳤다. 감사는 나를 더 큰 사람으로 성장시키는 동시에, 나의 삶을 더욱 풍요롭고 여유롭게 만들어 주는 가장 우아한 실행법이다.

감사하기부터 새벽 기상, 긍정 확언과 독서에 이르기까지, 각각의 실행법은 나를 더 깊고 넓은 존재로 성장시켜 주었다. 처음에는 단순히 경제적으로 풍요롭게 되고 성공하고자 하는 목적에서 출발했으나 그곳으로 가는 길에서 나는 더 크고 중요한 것을 발견했다.

진정한 부와 성공은 나의 내면에서 시작되는 것이며, 그것은 나의 마음가짐과 일상의 작은 습관들로부터 비롯된다는 것을 말이다.

그리고 마흔은 그것을 깨달을 수 있는 시기라는 것도 말이다. 삶의 경험으로부터 교훈과 지혜를 얻을 수 있고, 자신과 주변 세상을 바라보는 시각이 성숙해지는 마흔이라는 시기는 인생의 전환점을 맞이하기에 최적인 선물 같은 시기이다. 만약 마흔 이전에 이 모든 것을 알았더라도, 지금과 같은 귀중한 교훈을 얻고 실행에 옮길 수 있었을까? 나는 그렇지 않다고 확신한다. 모두 때가 있는 법이다. 마흔이야말로 우아하게 실행할 수 있는 때다. 함께 우아하게 도전해 보자.

NO력하지 말고
애쓰지 마라

나폴레온 힐의 책《생각하라, 그리고 부자가 되어라》에서 가장 기억에 남았던 일부를 발췌했다.

"뭔가를 하려고 '애쓸수록' 잠재의식은 더욱 심하게 저항하고, 그일은 더욱 어려워진다.
'애쓰다'라는 단어를 사용하는 것 역시 잠재의식 수준에서 실패하리라는 예측을 하는 것이기 때문에 위험하다. '애쓰다'라는 개념은 계속 시도한다는 의미를 내포하고 있다. 우리는 성공하고 싶지, 애쓰고 싶어 하지 않는다. 잠재의식에 내가 '애쓰게' 도와달라고 요구한다면, 그렇게 해줄 것이다. 그리고 성공을 가로막을 것이다. 성공한 상태라면 '애쓰도록' 도와줄 필요가 없기 때문이다. '애쓰다', '노력하다' 같은 단어는 조심스럽게 사용해야 한다."

우리는 습관처럼 노력한다, 애썼다는 말을 써왔다. 그런데 곰곰이 생각해 보면 정말 내가 좋아서 한 일에는 노력했다, 애썼다는 표현을 하지 않는다. 대개 하고 싶지 않은 일을 해야 할 때, 억지로 무언가를 해내야 할 때 우리는 노력하고 애썼다고 한다.

동시에 최선을 다한다는 표현에 대해서도 나는 곰곰이 생각해 보았다. 최선이란 무엇인가. 최선을 다했다고 말할 수 있으려면 대체 어느 정도를 해야 하는가? 일반적으로, 최선을 다했다고 자신 있게 말하려면, 죽기 직전까지 있는 힘을 다했다고 말할 정도는 돼야 할 것 같은 느낌이다. 최선을 다하는 삶이야말로 가치 있고 인정받을 만하며, 그러지 못했다면 부족한 자신을 더욱 채찍질 해야 한다고 느껴진다.

그렇다면, 나는 과연 항상 최선을 다했을까? 우리는 말한다. 엄청난 노력 끝에 결실을 맺는다고 말이다. 즉, '나도 그렇게 엄청난 노력을 했나? 나는 최선을 다해 노력한 적이 있을까?' 하고 묻게 된다.

그런데, 생각해 보니 내가 정말 온 힘을 다해 최선을 다했다고, 죽을 만큼 노력했다고 말할 정도로 무언가를 해본 적이 없었다. 그래서 처음엔 반성했다. 아, 내가 그동안 최선을 다하지 않았고 엄청난 노력을 하지 않았구나 하면서 자책했다. 그러면서 '내가 최선을 다했으면 좋았을 텐데'라고 아쉬움이 남는 구간을 찾아보았다.

그것은 내가 직장에서 일하던 시기였다. 내가 일하던 환경은 매우 지루했고, 성향이 맞지 않는 사람들과 부딪혀야 했고, 새로운 아이디어나 변화 같은 것은 꿈꿀 수 없는 그런 곳이었다. 나는 사실 너무 힘들었다. 사무실에 앉아 있는 시간이 아까웠지만 월급을 받기 위해 내 시간을 제물로 바칠 수밖에 없던 시절이었다. '아, 만약 내가 그때 최선을 다했더라면 어땠을까?'라는 생각을 잠시 해보았다. 하지만, 다시 생각해도 잘 못할 것 같다. 그뿐만 아니다. 내가 노력과 최선이 부족했다고 느끼는 구간들은 모두 내가 하기 싫은 일을 어떤 대가를 얻기 위해 억지로 해야 하는 상황들이었다.

그렇다면 나는 내 인생에 그 어떤 성취도 없는 사람인가? 아니다. 나는 앞서 말했지만, 내가 가고 싶은 대학교와 대학원에 합격해서 열심히 공부했고, 멋진 작품도 많이 만들어 전시회도 열었다. 그리고 지금은 스마트스토어 운영을 잘 해내고 있고, 이렇게 책도 내지 않았는가? 이것들은 자랑스러운 나의 성과들이다. 그런 내가 최선을 다한 적이 없고, 노력한 적이 없는 것일까? 재밌는 것은 나 역시 그렇게 느낀다는 것이다. 나는 어떻게 이런 성과들을 얻을 수 있었을까?

최선을 다하고 노력을 다한다는 것은 억지로 해내는 느낌이 있다. 그런데 내가 이뤄낸 결과들을 보니 나는 그저 좋아서 내가 원해서 나도 모르게 해냈던 것임을 발견할 수 있었다. 그것이 누군가의 눈에는 엄청나게 노력하고 정말 최선을 다하는 모습으로 비추겠구나 싶었다. 나는 그 과정이 즐겁고 재밌었다. 물론, 중간에 어려움도 있고 힘

마흔, 폭풍성장으로 부의 추월차선에 올라타라

든 시간도 있었지만 내 기억 속에는 모두 즐거운 과정이었다.

모두가 힘들다고 했던 고3 시절도 나는 그렇게 힘들지 않았다. 그렇다고 내가 놀았을까? 아니다. 나는 그저 내가 가고 싶은 대학에 가기 위해 내가 해야 할 것들을 하나씩 해냈을 뿐이다. 고3 일 년 내내 속이 안 좋아 약을 달고 살았던 것 보면 꽤 힘들었던 것 같다. 하지만, 힘든 기억보다는 목표를 향한 열정만 기억이 난다. 잠을 줄여가며 공부를 해야 좋은 성적이 나오는 것이 아니라, 원하는 목표를 향해 열정을 가지고 달려가다 보니 잠자는 것도 잊는 것이다.

스마트스토어로 돈을 벌어야겠다 했을 때도, 중간중간 문제도 생기고 어려운 과정들도 있었지만, 그 과정들이 크게 기억에 남지 않는 것을 보면 나도 모르게 그냥 즐겼던 듯싶다. 그 문제들을 해결하는 과정 또한 재미있었다. 즐기는 건 억지로 할 수 있는 것이 아니다. 자연스러워야 가능한 것이다. 우리는 종종 고통도 즐기라고 하는데, 그것은 의지력으로 가능한 것이 아니라, 내가 진정으로 원하는 것이 있고, 그것이 이루어진다는 확신이 있을 때 비로소 그 과정에서의 고통도 즐길 수 있는 것이다.

나는 무조건 원하는 대학에 간다는 확신이 있었다. 왜냐면 나는 그 학교에 갈 때까지 도전할 준비가 되어 있었기 때문이다. 스마트스토어도 같다. 나는 이것으로 돈을 벌고 싶었고, 또 그것이 된다는 확신이 있었기에 될 때까지 할 작정이었고 결국 모든 과정을 즐길 수 있었다. 무엇 하나 억지로 한 것이 없는데, 그것이 다른 사람에게는 최선을 다하고 노력하는 모습으로 보였을지 모르겠다.

성공한 사람들의 과정을 보면 끝까지 포기하지 않고 최선을 다하는 모습과 그것을 이루기 위해 노력을 아끼지 않는 모습을 보기 마련이다. 그러면서 나도 성공하려면 그들처럼 최선을 다하고 노력하고 애써야겠다고 다짐한다. 하지만, 우리는 본질을 보아야 한다. 그들의 최선과 노력은 우리의 시작이다. 그들은 그저 꿈이 실현될 것을 믿고 그 기쁨에 취해 앞으로 나아갔을 뿐이다.

"최선을 다해서 노력하고 애써라."라는 말은 듣기만 해도 벌써 숨이 막혀온다. 나폴레온 힐의 말처럼 우리는 성공하고 싶지, 애쓰고 싶지 않다. 만약 이렇게 해야만 성공할 수 있다고 했다면 나는 시도조차 하지 않았을 것이다. 돈 많은 부자가 되려면 힘들게 일하고 노력하고 어려움도 견디며 애써야 한다고 생각하니 돈 벌기가 어려운 것이다. 그래서 쉽게 돈 버는 방법을 찾게 되고, 그러기에 사기꾼이 많은 것이다.

재밌는 일을 할 때의 우리 뇌를 생각해 보라. 얼마나 신이 나는가. 예를 들어 해외여행 준비를 한다고 생각해 보자. 목적지를 정하고, 각종 항공권 비교사이트를 샅샅이 뒤져서 최적의 항공권을 구매하고, 그 많은 호텔과 호텔 비교 사이트를 뒤져서 호텔 예매도 마친다. 심지어 중간중간 해외 결제의 난관도 있지만 스트레스 따위는 없다.

여행루트 및 맛집 정보는 어떠한가? 평소엔 영어 알파벳만 봐도 현기증이 나지만, 현지 정보를 얻는 데에는 영어로 된 정보가 왠지 신뢰도가 있다. 준비물은 또 어떤가? 체크하고 또 체크한다. 이건 절대 쉬운 일이 아니다. 얼마나 대단한 일을 했는지 보라. 어느새 여행 전문가가 되어 있다.

만약, 내가 어떤 일에 억지로 노력해야 하는 상황이라면 한번 진지하게 생각해 보는 시간을 가져보자. 누군가는 그럼에도 불구하고 그곳에서 최선을 다하고 최고가 되겠다고 다짐해 보라고 한다. 그러면 길이 열린다고 말이다. 이 말은 맞기도 하고 틀리기도 하다. 이렇게 다짐하기 전에 선행되어야 할 것이 바로 생각이다. 내가 진정으로 무엇을 원하는지. 궁극적으로 이루고 싶은 것이 무엇인지 알아야 한다. 이것은 오로지 생각으로만 알 수 있다.

그리고 그 생각 끝에 명확한 목표가 생기고, 이루고자 하는 열망이 생긴다면 방법이 보일 것이다. 지금 하는 일이 추후에 나의 최종 목표에 도움이 된다면 한번 최고치를 찍어보는 것에 도전해 보면 어떨까?

편의점 알바를 하면서 '하, 내가 여기서 지금 뭐 하는 거지, 난 사업가가 될 사람인데 언제 일해서 돈 모으지.'라고 생각하는 사람은 일이 재미없고 힘들게 느껴진다. 반면에 '난 사업가가 될 사람이야! 이 편의점 운영법을 다 배운다면 나는 또 하나의 무기를 얻게 되는 거야! 이 시스템에 해결해야 할 문제점은 없는지 잘 찾아봐야겠어!

라고 생각하는 사람은 눈빛이 살아 있을 것이며, 누가 시키지 않아도 주인처럼 일하게 될 것이다.

이것은 억지로 가능한 것이 아니다. 저절로 되는 것이다. 우리는 최선을 다하고, 노력하고 애쓸 각오를 할 것이 아니라, 내가 진정으로 원하고 하고 싶은 목표에 집중하는 것을 최우선으로 해야 한다. 그러면 나머지는 저절로 따라온다.

모든 일에 최선을 다하려고 노력하지 말자. 그것은 나의 에너지를 분산시키는 것이다. 인간의 에너지는 무한하지 않다. 그것이 우리가 종종 번아웃을 겪는 이유라고 한다. 에너지는 한 곳에 집중했을 때 가장 강력하다. 에너지가 분산되면 나의 열망에 열정을 쏟을 힘이 줄어든다. 그렇게 되면 나의 꿈, 목표는 계속 멀어진다. 선택과 집중, 그리고 몰입에 에너지를 쏟자.

만나는 사람이 바뀌면
인생이 바뀐다

가장 가까운 지인 5명의 평균 소득이 내 소득이라는 말을 들어봤을 것이다. 지금 나와 가장 많은 시간을 보내는 5명은 누구인지 생각해 보자. 그들의 평균 소득은 어떤가? 그들은 어떤 생각을 하고 어떤 행동을 하는가? 부자가 되고 싶다면 부자를 만나고 부자의 생각과 행동을 배워야 한다. 그리고 그들이 삶에서 어떤 선택을 하는지를 이해하고 내 것으로 만들어야 한다. 나와 비슷한 수준의 사람만 만나면 배움이 없고 성장이 없다. 우리는 끊임없이 자신을 둘러싼 환경에 영향을 받으며 살아간다. 내가 성장하고 싶다면, 그 방향으로 나아갈 수 있는 환경을 스스로 만들어가야 한다.

영어 공부에 대한 나의 경험도 이를 잘 보여준다. 국내에서 꽤 비싼 영어 회화 코스에 등록한 적이 있다. 레벨 테스트를 거쳐서 배정된 반에는 비슷한 실력자끼리 모인다. 그런데 서로 비슷하게 영어를 못하다 보니 하루 종일 영어 공부를 하며 영어로 말하는 연습을 하지만 실력이 크게 늘지는 못했다.

유학을 앞두고 미국에서 영어 회화 코스에 등록했을 때도 별반 다르지 않았다. 그만그만한 영어 수준을 가진 다양한 국적의 학생들이 모였을 뿐, 아무리 미국에 있다 해도 영어 실력이 늘기는 어렵다. 현지에서 1년 이상 어학원을 다녀도 영어 실력이 제자리인 학생들이 있는 이유다. 나의 영어는 학교생활을 통해 자연스럽게 늘었다. 영어만 들리고 영어를 쓸 수밖에 없는 환경이야말로 최적의 학습조건이었던 것이다.

성공한 큰 부자는 어떻게 만날 수 있을까?

가장 쉬운 방법은 책이다. 책 읽기 정말 여러 번 강조해도 지나치지 않는다. 그들이 직접 쓴 책들도 있고, 그들의 이야기를 엮어 담은 책들도 많다. 책을 통해 부자들의 생각과 통찰력 인사이트를 얻을 수 있다. 또한, 유튜브 영상이나 SNS를 통해 그들의 일상과 생각을 엿볼 수 있고, 때로는 직접 만날 기회를 얻을 수도 있다.

실제로 김승호 회장님은 SNS를 통해 종종 번개 모임을 하신다. 덕분에 나도 가까이서 회장님을 만나 뵐 수 있었고, 평소 궁금했던 질문을 할 수 있는 기회도 얻었다. 혼자서 백 번을 생각해도 답을 찾지 못했던 고민을 한 번의 질문으로 해결할 수 있었던 감사한 시간이었다. 강의나 강연에 적극 참여하는 것도 방법이다. 만약 실시간 질

의응답이 가능하다면 그것만큼 값진 것도 없다.

　같은 의미에서 강의를 듣는 것, 코칭이나 컨설팅을 받는 것도 내 주변의 평균치를 올리는 좋은 방법이다. 내가 잘하고 싶은 것을 이미 잘하고 있는 사람들을 만날 수 있는 가장 쉬운 방법이기 때문이다. 우리가 그들을 만나고 싶어 하듯이, 그들도 자신보다 더 성공한 사람들을 만나는 데에 시간을 쓰고 싶을 것이다. 그러기에 그들의 시간을 사야 한다. 그것이 강의이고 코칭이고 컨설팅 프로그램인 것이다. 그렇게 롤모델과 멘토들로 내 일상을 채우다 보면 자연스럽게 성장해 있는 나를 발견할 것이다.

　나와 같은 목표를 갖고 성장하고자 하는 사람들로 내 주변을 채우는 것도 매우 중요하다. 그들이 모여있는 곳을 찾아보자. 요즘은 SNS만 들어가도 넘쳐난다. 신기하게도 내가 모르던 세상에 이렇게 많은 사람들이 있었나 싶을 것이다. 이렇게 많은 사람이, 여성들이, 엄마들이 모여서 부자의 꿈을 꾸고 책을 읽고 공부를 한다고?! 그런데 왜 내 주변엔 한 사람도 없었지?! 싶을 것이다.

　처음엔 신기하면서도 반가울 것이다. 그러다 조금 지나면 내가 뒤처지는가 싶어 불안하고 초조하고 사기가 떨어질 수도 있다. 이미 다들 프로 자기 계발러 같고, 책도 기본 100권씩은 읽은 듯하고, '인스타에 팔로워 수천 명쯤은 기본으로 갖고 있는 사람들이 왜 이리 많지?' 하면서 나는 이미 늦었다고 생각할 수도 있다. 나도 그랬다. 이

277

렇게 많은 사람들이 나보다 몇 년씩 앞서나가고 있는데 나는 너무 늦었다고 생각해, 시작도 전에 포기할까 했었다.

하지만, 그들에게도 당신 같은 첫날이 있었음을 기억하라. 그들은 당신보다 3년 전에, 1년 전에, 6개월 전에, 3개월 전에, 한 달 전에 시작했을 뿐이다. 당신 이후로도 3개월 후에, 6개월 후에, 1년 후에, 2년 후에도 여전히 새로운 사람들이 입문할 것이다. 그러니 초조해 하지 마라. 오히려 앞서가고 있는 선배들이 있으니 얼마나 좋은가? 요즘은 한 발 앞서 나간 사람들의 찐 경험담도 다양한 채널을 통해서 접할 수 있으니, 이 얼마나 좋은 시대인지 모른다. 그들이 나보다 잘나서가 앞선 것이 아니라 시간의 차이일 뿐이다. 우리 모두 각자의 시간 속에서 경험을 쌓아오지 않았는가. 우리 모두의 경험은 소중하고 그 자체로 가치가 있다. 그러니 절대 주눅 들지 말고 자신감을 가지기 바란다.

나는 1년 전 초보 사업가들을 위한 〈김승호의 기초사장학개론〉 수업에 지원서를 냈다. 김승호 회장님의 제자가 되고 싶은 마음도 컸지만, 사업가들과 함께 소통하고 싶은 마음에서였다. 하지만, 사실 나는 살짝 졸아 있었다. 이제 겨우 작은 스마트스토어 하나를 운영할 뿐인데, 나를 사업가라고 소개할 수 있을까 하는 자신감이 없었기 때문이다.

그러나 나는 바로 생각을 고쳐먹었다. 비록 지금은 위탁판매를 하

마흔, 폭풍성장으로 부의 추월차선에 올라타라

는 온라인 판매자이지만 이 일을 하는 목적은 나중에 큰 사업체를 운영하기 위함이 확실하기 때문이다. 그러기에 사장들과 함께 공부할 필요가 있고 그 자격이 충분하다고 말이다. 나의 이러한 태도 때문인지 바로 합격할 수 있었고, 많은 사장학 동기들을 만날 수 있었다. 그곳에 가니 나보다 한참 어리지만 이미 몇십억 매출을 내고 있는 대단한 사업가들이 많았다. 나는 그들의 처음은 어떠했는지 묻고 대화하는 과정에서 정말 많은 것을 배울 수 있었다.

커뮤니티의 장점은 내가 배우기만 하는 것이 아니라, 반대로 내가 다른 사람을 도울 수도 있다는 점이다. 모두 나보다 잘나고 멋져 보이는 사장들이었지만, 그들 중엔 온라인 마케팅에 어려움을 겪고 있는 사장들도 있었다. 온라인 마케팅은 오래 공부해 왔기에 작게나마 그들에게 도움이 되는 말을 해줄 수 있던 내가 얼마나 뿌듯했는지 모른다.

어느새 내 주변은 함께 성장하고 나아가는 사람들로 채워지고 있었다. 그들은 모두 책 읽기를 좋아하고, 배우기를 좋아하며, 돈 벌기를 좋아한다. 서로 격려하고 응원하면서 이끌어준다. 성장하는 사람들과 있으면 제자리에 머물지 않고 계속해서 전진하게 된다. 전진하면서 또 새로운 사람들을 만나고, 새로운 세상이 열리면서 점점 목적지에 가까워지는 것이다.

만나는 사람이 내 인생을 어떻게 바꿀 수 있는지, 그리고 그 과정에서 나 자신이 얼마나 변화할 수 있는지를 깨닫는 것은 값진 경험이었다. 우리는 주변 사람들의 말과 행동에 엄청난 영향을 받는다. 나의 도전을 이해하지 못하고, 성장을 가로막는 사람들과 있으면 절대 나아갈 수 없다. 나는 지난 몇 년간 주변 사람이 모두 바뀌었다. 오래된 친구보다도 더 자주 연락하고, 가족보다도 더 서로를 잘 이해해주는 사이가 되었다.

혼자 가면 빨리 가지만 함께 가면 멀리 간다는 말이 떠오른다. 처음에 나는 빠르게 성장하고 싶어서 혼자 공부했다. 책과 유튜브를 통해 이미 성공한 사람들의 지식과 생각을 주입했다. 나는 빠르게 배우면서 성장할 수 있었지만, 어느 순간 한계를 느꼈다.

그 후에는 다양한 커뮤니티에서 만난 사람들과 함께하면서 지속할 수 있었다. 그들이 있었기에 한 단계씩 나아갈 수 있었고, 그들이 없었다면 나는 혼자 달리다 중간에 지쳐 멈췄을지 모른다. 함께 가면서 나보다 앞선 사람에게 배우기도 하고, 나보다 늦은 사람에게 도움도 주면서 그렇게 또 성장해 간다. 혼자 가면 빠르지만, 끝까지 가지 못하고, 함께 가면 끝까지 갈 수 있다. 결국, 최종 목적지에 가장 빠르게 가는 방법은 함께 가는 것이다.

나는 지금
가장 행복하고 아름답다

시간을 거슬러 과거로 되돌아가고 싶은 때가 있는가? 만약 타임머신이 실제로 존재한다면, 어느 시점으로 되돌아가고 싶은가?

나는 돌아가고 싶지 않다. 지금, 이 순간이 좋다. 나의 십 대, 이십 대, 삼십 대를 싫어한다는 것이 아니다. 그 시절도 각각의 매력이 있었고, 소중한 추억으로 가득하다. 그러기에 나는 과거로 돌아가 어떤 것도 바꾸고 싶지 않다. 십 대의 내가 좋았고, 이십 대의 나도 멋졌었으며, 삼십 대의 나 역시 소중했다. 그리고 지금 사십 대의 나도 너무 사랑한다. 사십 대가 되면서 새롭게 알게 되고 깨닫게 된 것들이 정말 많다. 이전에는 전혀 이해하지 못했던 많은 것들이 이제는 하나둘 보이기 시작했고, 그로 인해 나는 더욱 풍부해지고 여유로워졌다. 그래서 예전의 나로 돌아가고 싶지 않다.

스물여덟에 대학 강단에 섰을 때, 나는 빨리 삼십 대가 되기를 간절히 바랐다. 대학생들과 나이 차이가 별로 나지 않다 보니, 그들이 나를 어리다고 여기며 무시하지 않을까 걱정이 되었기 때문이다. 그렇게 기다렸던 삼십 대가 되자 마치 안전지대에 들어온 듯한 안도감을 느꼈다. 삼십 대에는 결혼도 하고, 부모님과 독립도 하며, 주어진 상황에서 자유롭게 삶을 꾸려가고 있었다.

하지만, 평탄할 것만 같던 삶에도 위기는 찾아왔다. 사십 대를 앞두고 있던 나는 자신감도, 희망도 잃고 막막함만이 가득했다. 그럼에도 나는 다시 일어서기로 결심했다. 잊고 있던 나를 다시 발견하고, 고장 난 부분을 찾아 고치며, 새롭게 펌웨어도 업데이트를 해주었다. 그렇게 다시 일어선 나는 멋지게 성장하여 더욱 가치 있는 사람이 되고 있음에 지금의 내가 정말 좋다.

팀 페리스의 《타이탄의 도구들》 중에서 기억에 남는 일부를 소개한다.

삶의 끝에서 우리는 유성처럼 찰나의 속도로 스치고 사라지는 우리의 짧은 삶이 얼마나 아름다운지를 깨닫게 된다. 밀러는 그걸 좀 더 일찍 발견하는 사람이 더 풍요하고 행복한 삶을 살게 된다는 사실을 알려주고 있다. "삶은 매 순간 예측할 수 없이 변하기 때문에 아름다운 것이다. 한평생 아무것도 변하지 않는다면, 분명 지루함을 참지 못하고 중간에 뛰어내리느라 그 누구도

생의 마지막 역에 도착하지 못할 것이다. 죽음은 삶의 가장 획기적으로, 중요한 변화다. 슬픔이 아니라 축복이다."

밀러는 마지막으로 이렇게 말했다. "살아 있다는 사실 자체만으로 우리는 충분히 보상받고 있다. 상황이 어려울수록, 두려움에 휩싸일수록, 앞이 보이지 않을수록 우리는 매 순간 살아 있음에 감사해야 한다. 매 순간 구두끈을 고쳐 매고 배낭을 짊어진 채 삶에 집중해야 한다. 지금 뭔가 마음에 들지 않고 좌절하기 쉬운 곳에 있는가? 그렇다면 그건 아름다운 희망으로 가득 찬 곳으로 갈 날이 머지 않았다는 뜻이다."

살아 있는 것만으로도 아름다운 지금, 이 순간을 충분히 감사하자. 오늘이 내 인생에서 가장 젊고 아름다운 날이지 않은가? 그런데 우리는 종종 '나는 이제 늙었어. 나이 먹어서 여기저기 아프기만 해. 더 이상 예쁘지 않아. 거울 보기 싫어. 이대로 살다가 죽겠지. 사는 게 더 이상 재미 없어'라는 말을 습관적으로 하지 않는가. 만약 이제까지 그래 왔다면, 지금, 이 순간이 얼마나 아름답고 소중한지 다시 생각해보자. 지금, 이 순간은 내가 앞으로 살아갈 날들 중에 가장 젊고 아름다운 순간이다. 그리고 우리의 매일은 그러할 것이다. 그러니, 우리의 젊음과 아름다움을 충분히 누렸으면 좋겠다.

인간의 평균수명은 20세기 초만 해도 50년 미만이었다. 20세기

말에는 대부분의 선진국에서 70년 이상으로 증가했으며, 21세기 현재에는 많은 선진국에서 평균 수명 80년을 넘어섰고, 일부 국가에서는 90년에 근접하고 있다. 그리고 인간의 기대수명은 이미 120년, 일부에서는 150년까지 전망하고 있는 실정이다. 다시 한번 말하지만 마흔은 전혀 늦은 나이가 아니다.

마흔은 다시 꿈을 꾸고 목표를 세우고 이루어가기에 아주 좋은 나이이다. 꿈이 있고 성장하는 사람은 행복하고 아름답다. 나도 하고 싶은 것이 아무것도 없던 때가 있었다. 그때의 나는 삶에 기쁨이라는 것이 없었다. 항상 잘 웃고 활발한 나였지만 그 시기에는 내가 웃는 것 자체가 어색했다. 하고 싶은 것이 없으니, 삶의 의미를 찾지 못하고 그냥 살아 있으니까 사는 것이었다. 그랬던 내가 지금은 너무나 행복하다. 가슴 설레는 꿈을 찾고 그것을 이루기 위해 공부하고 실행하는 이 모든 과정이 너무나 재미있다. 그야말로 살아 있음을 느끼고 나의 젊음을 느낀다.

도전하고 배우는 사람의 뇌는 늙지 않는다고 하더니 진짜였다. 그것 자체로 너무나 재밌고 행복하기 때문이다. 얼마 전 나의 뇌파로 뇌 건강을 측정해 볼 수 있는 기회가 있었다. 검사자는 나의 결과를 보고 당황해했다. 나의 뇌파 점수는 평균 점수 보다 높게 나왔으며, 맥파 점수는 여덟 살이나 어리게 나온 것이다. 사실, 검사 전부터 자신이 있었다. 내가 생각해도 스트레스나 걱정거리가 없고, 마음이 편안한 상태를 꽤 오랫동안 유지해 오고 있기 때문이다. 살면서 지금처럼 편안하고 여유로운 적이 있었나 싶을 정도로 나는 몰라보게 달라 졌다. 자연스럽게 표정이 밝아졌고 어느 때보다 생기 있다.

나는 여전히 도전하고 배우고 있다. 지금 책을 쓰는 것도 같은 맥락이다. 누가 시켜서 하는 것이 아닌 내가 하고 싶어서 배우고 도전하는 것이 얼마나 행복한지 모른다. 중요한 것은 배움과 도전하는 행위에서 만족하고 끝나면 안 된다. 지속하기 위해서는 보상이 따라야 한다. 보상이 없으면 그 어떤 것도 지속할 수 없다. 내가 작품활동을 멈췄듯이 말이다.

지속하기 위해서는 배운 것으로 돈을 벌어야 한다. 스마트스토어를 배웠으면 스마트스토어로 돈을 벌어야 한다. 마케팅을 배웠으면 마케팅으로 돈을 벌어야 한다. 공부한 것으로 돈을 벌기 시작하면 배움이 즐겁다. 그렇게 쌓인 내 경험과 노하우는 필요로 하는 사람들에게 나눌 수 있는 가치 있는 콘텐츠가 된다.

그러다 보면 자신도 모르는 사이 책을 쓴 작가가 되어 있기도 하다. 바로 나처럼 말이다. 살면서 내가 책을 쓸 것이라고는 단 한 번도 생각해본 적 없는 내가 책을 냈다. 이것은 불과 몇 개월 만에 모두 이루어진 것이다. 나는 계속해서 새로운 수익화에 도전하고 있다. 최근에는 타로 상담에 대한 공부와 AI 트렌드에도 관심을 두고 공부 중이다. 그리고 그동안 내가 공부한 것들에 접목해 수익화하는 것에 지속적으로 적용해 보는 중이다.

이 모든 것은 더 나은 미래를 살기 위함이다. 그러기 위해서는 나만의 미래 예측 시나리오를 세울 수 있는 통찰력과 비판적 사고능력이 필요하다. 이런 통찰력을 넓히기 위해 나는 세계사, 인문학, 그리고 국제 정세도 꾸준히 공부해 오고 있다. 모든 역사는 반복된다고 말한다. 이 반복의 패턴을 알면 변화하는 미래에 대한 단서를 찾을 수 있다. 이것은 내 사업이나 투자 방향을 결정하는 데에도 매우 중요한 사항이다. 따라서, 역사를 공부하는 것은 미래를 준비하는 데 있어 필수적이다.

나는 남은 사십 대의 시간이 기대된다. 오십 대, 육십 대도 마찬가지다. 내가 닮고 싶은 멋지게 나이 드는 오육십 대 이상의 여성들을 보며, 나의 미래도 그들처럼 아름답고 멋질 것이라고 믿는다. 나는 이미 십 년, 이십 년 후에 내가 하고 싶은 것들의 목록도 뽑아놨다. 하고 싶은 것들이 너무 많다. 그것들을 모두 해낼 나의 미래를 생각하면 너무나 신이 나고 설렌다.

나는 나이가 들수록 금전적인 풍요는 물론, 내면도 더욱 깊고 넓어질 것임을 안다. 또한, 지금보다 더 많은 것을 나눌 수 있는 내가 되어 있는 모습을 생각하니 설레지 않을 수가 없다. 지혜롭고 친절하며, 부드러우면서도 카리스마 있는 우아한 내 모습을 상상하며, 앞으로의 삶을 설레는 마음으로 기대하고 있다.

나는 지금 그 어느 때보다도 행복하고 아름답다. 그리고 앞으로도 계속 그러할 것이다. 이것은 내가 특별해서 그런 것이 아니다. 누구나 자신의 현재를 바꿀 수 있다. 당신이 원한다면.

 TIP

Q　　　　　　　성공을 위해 주목해야 하는 것들

❶ 위기는 기회이자 인생의 선물이다.

❷ 가족을 내 편으로 만들어라.

❸ 지금, 이 순간이 가장 중요하다.

❹ 무조건 노력하기 전에, 목표를 확실히 하라.

❺ 함께 성공할 사람들로 주변을 채워라.

내 인생의 감독이 되자

만약 당신이 당신 삶의 감독이 될 수 있다면 어떨까?

당신만의 이야기를 만들고, 그것을 연출한다면 어떨까? 영화 속 주인공은 모든 관심과 시선을 받지만 정작 그 주인공을 캐스팅하고 스토리를 만든 것은 감독이다. 감독은 자신이 원하는 세상을 만들어 내는 사람이다. 이는 단순한 비유가 아니다. 당신이 당신 인생의 감독이 된다면, 당신의 인생을 창조하는 삶을 살 수 있다.

감독에게 자기 영화에 대한 비전이 있듯이, 당신도 당신만의 비전을 설정해야 한다. 인생에서 이루고 싶은 것은 무엇인지? 어떤 사람이 되고 싶은지? 자신을 끊임없이 탐구하면서 질문에 답해야 한다.

영화 제작에는 철저한 계획이 필요하다. 시나리오 작성부터 캐스팅, 촬영, 후반 작업에 이르기까지 모든 것이 계획에 의해 진행된다.

우리의 인생도 마찬가지다. 비전을 설정했다면, 그 비전을 실현하기 위한 계획을 세워야 한다. 목표를 달성하기 위한 단계별 계획을 세우고, 그 계획을 실행에 옮겨야 한다.

감독은 모든 것이 계획대로 흘러가지 않는다는 것 또한 알고 있다. 예상치 못한 상황이 발생할 때, 감독은 유연하게 대처해야 한다. 우리의 인생도 계획이 틀어질 때 당황하지 말고 상황에 맞게 조정하는 유연성이 필요하다.

영화는 감독 혼자서 만들어낼 수 없다. 많은 사람과의 협력을 통해 만들어지듯, 우리도 주변 사람들과의 관계를 소중히 해야 한다. 가족, 친구, 동료들과 협력하여 당신의 비전을 실현해 나가라.

모든 영화가 성공하는 것은 아니듯, 실패도 있을 것이다. 그러나 실패를 두려워하지 말고, 더 큰 성장의 기회로 삼자. 그러고 나면 다음번엔 더 좋은 영화를 찍을 수 있게 될 것이 분명하다.

나는 내 인생의 감독이 되기로 했다.

내가 감독인 내 인생은 마흔부터 시작된다. 이전까지는 내가 아닌 다른 여러 사람이 내 인생이라는 영화에 훈수를 두었다면 마흔부터 총감독은 오직 나 하나뿐이다. 감독의 시선으로 내 삶을 기획하고 연출한다고 상상하니 인생에 대한 비장함이 살짝 줄어드는 것도 마음에 든다.

당신은 어떤 삶을 연출하고 싶은가? 나는 세상의 모든 좋은 것들을 담아주고 싶다. 넘치는 풍요, 따뜻한 사랑, 뜨거운 감사 그리고 건강, 행복, 웃음, 여유, 유머, 자연, 예술, 빛 등 세상의 모든 긍정적인 것들이 함께하는 삶 말이다. 내가 감독이 되는 순간, 모든 것이 가능해진다.

'그래도 될까? 내가 정말 다 가져도 될까?'와 같은 걱정은 내던지기 바란다. 내가 나의 한계를 정할 이유가 없다. 당신은 다 가질 수 있고, 다 이룰 수 있으며, 다 누릴 수 있다. 우리 모두는 그러할 자격이 충분하다. 나는 이미 많은 것들이 내가 생각한 대로 이루어지고 있는 것을 경험하고 있다.

2023년 여름, 나의 이야기를 듣고 있던 그녀는 "소영 님, 책을 써보세요! 소영 님 이야기를 책으로 내면 많은 사람들에게 도움이 될 것 같아요!"라고 해주었다. 사실, '나도 언젠가 책을 써야지'라고 생각하기 시작한 건 그로부터 1년 전쯤부터였을 것이다. 성장하는 나 자신을 보면서 나도 내 경험을 나누고 다른 사람들에게 도움이 되고 싶다는 마음에서였다. 하지만, 그러기엔 아직 보여줄 만한 성과가 부족하다고 느껴 미루고 있었다.

그러나, 이날 그녀의 말을 듣고 '정말 책을 써볼까?' 하는 마음이 들었다. 그날 밤 설레는 마음에 잠이 오지 않아, 앉은 자리에서 글감 100개를 구글 시트에 적어 내려갔다. 유명한 사람도 아니고, 아직 수익 월 천, 월 억이라는 자극적인 타이틀을 붙이지도 못하지만 간장종지만한 돈그릇에서부터 시작해 점점 키워가고 있는 나의 성장 스토리가 누군가에게는 도움이 될 수 있다는 생각에 힘을 얻었다. 나의 이야기가 누군가에게는 용기와 희망의 씨앗이 될 수 있으리라 믿었다. 그렇게 내가 겪은 시행착오와 깨달음, 그리고 조금씩 성장해가는 과정을 솔직하게 담아냈다.

이제는 당신의 이야기를 쓸 차례다. 당신 인생의 감독은 바로 당신이다.

감독 데뷔를 축하한다!